WHAT BOOKS
·什么· 工作室

远离迷茫，从学会赚钱开始

曾鹏宇 著

中国友谊出版公司

Contents 目录

- CHAPTER ONE -

第一章 抵御未知风险要趁早

- CHAPTER TWO -

第二章 如何从低薪走向自由？

- CHAPTER THREE -

第三章 无论人还是生活，都不应该被钱束缚

- CHAPTER FOUR -

第四章
没钱？别着急，我们迟早会有钱的

- CHAPTER FIVE -

第五章
如何面对感情和钱的双重考验？

第一章

抵御未知风险要趁早

- CHAPTER ONE -

没有安全感？先学会花钱！

经常听到一句话：“我现在没钱，所以不用理财。”真的不是这样，没钱的，别着急，我们迟早会有钱的。

但有些道理不能等有钱了才明白，因为如果那样，可能永远也等不到那一天。

很多人说，这是一个看钱多钱少的世界，于是我就写了这本与钱有关的书。

当然，富二代等请自动略过，这本书是写给大部分和我一样毕业之后留在北京这个举目无亲、一切都只能靠自己的城市，一点点寻找方向的年轻人的。

没钱的，别着急，我们迟早会有钱的。

但有些道理不能等有钱了才明白，因为如果那样，可能永远也等不到那一天。

01

“叔，为什么我总是觉得钱不够花？”

这是我那段时间听到李涛同学说得最多的一句话。

李涛很年轻，那时候刚 25 岁，工作两年了。他本科毕业后从南方的一个城市来到了北京，在一个广告公司工作。

那阵子我正在筹备一个项目，需要人帮忙，一个朋友把他介绍给我，做兼职助理。我试用了他一段时间，结果发现他干活儿非常认真，而且脑子灵活，笔头也快，做事情干净利落。这样的小伙子，在工作上应该是一把好手。

但我总听他说自己的钱不够用，这让我非常好奇。

开始我以为是他家里条件不好，比如亲戚生病了。后来发现不是。他父母是公务员，在南方的小城市里生活。他到北京来虽然没有得到家里太多的物质支持，但也没有什么后顾之忧。

我又想是不是他在自己的公司拿得工资太少。后来知道，刚刚工作两年的李涛，每月的薪水已经 6000 块了，还是税后——这在刚工作两三年的年轻人当中已经算是不错的了。

有一次吃饭，他甚至开诚布公地告诉我，他来做这份兼职，就是为了多挣一些外快，因为钱……真的是太不够用了！

他说，希望自己特别有钱，恨不得父母腰缠万贯；或者父母有先见之明，能够一套一套地把房子先买好；或者父母扔一堆钞票给他，让他胡乱地造，但是都没有。

我忍不住问李涛：“你的钱是怎么花的？”

他苦着脸说："每个月到手 6000 块，和别人合租房子，房租 1500 块，其他水电费、煤气费、电话费、交通费、聚餐……好像没怎么花就没有了，没什么存款，月月光，特别没有安全感！"

李涛说，尽管他开始做兼职，多了一些收入，但并没有增加安全感。"刀哥，为什么钱多了安全感并没有增加？你在我这个年纪的时候也是这样吗？"他问。

我瞬间愣神，25 岁啊，那时的我也在满世界寻找安全感！

而安全感真的就来自钱！

只不过，我的方向稍有不同——我的成长开始于学会了花钱。

02

我在 25 岁的时候才走出大学校门去工作，在这之前一直在读书。我正式工作后第一个月的薪水三四千块，从当时物价水平看，这份收入已经算不错的了。

那时我也觉得自己很穷，当时每个月的房租是 1200 块，水电费、电话费加上交通费，怎么也得再花掉 1000 块，最后手里只剩 1000 多块，1000 多块在北京能干什么？

实在是让人没有什么安全感！

即便如此，也不可能得到家里太多的支持。一是已经成年；二是我当年来北京读书，父母其实并不是很支持，他们更希望我留在重庆，在他们身边有个照应。

结果，我还是义无反顾地来了，后来上学、实习、找工作……都是自己一个人在各种折腾。有时候我也会羡慕别人，但后来还是认清了现实：自己选的路，再没有安全感，也只能硬着头皮继续走下去。

不知道大部分刚刚踏上工作岗位的年轻人是不是也这样？

每个人年轻的时候都有过这样的焦虑。

除富二代或者含着金汤匙出生的幸运儿外，大部分选择在北京这样的大都市里生活的年轻人都会面临这样的焦虑。

我也一样，这里并没有太多亲人，父母也不可能为我在这样完全陌生的城市提供多么大的帮助。

当时我和李涛一样，想得最多的就是如何去赚钱、如何赚更多的钱，为此我做兼职、做采访、写专栏，只要有可能，我都希望它们能增加收入。

我当然知道，如果工作够好，一定能得到更多的收入。但是，在一个相对平稳的行业中，一个初出茅庐的年轻人很难在一夜之间得到自己想要的东西。

让我意想不到的是，这种焦虑第一次得到缓解，是我在工作半年后给自己买了一份保险。

首先说明，我并不是在为保险公司做广告！

03

在那之前，我经常碰上各种各样的保险推销人员，上班路上有，住宿地点有，有时候甚至还会在单位大堂里碰到。但那时我对保险有种天然的不信任，每次有人来我面前推销保险，我都不屑一顾，甚至觉得那是一件对我来说太过遥远的事。

但那一次我鬼使神差地停下来了，因为我听见对方在说大病保险……

因为父亲身体一直不好，做过大手术，当时每次住院都要花掉很多钱，给家里带来很大的经济压力，而且那时候的国有企业医疗保险制度并不像现在这样完善。我经常想，万一未来生了什么病，却没钱治疗，那就太惨了！

那天停下脚步后，基本上没有听对方介绍太多，就做了决定。每年交几千块钱，有几十万的额度——那是我给自己买的第一份保险。

买完保险的那个晚上，我突然觉得心里踏实了不少。这种感觉莫名其妙。然后我意识到，至少在健康这件事上，我不像以前那样慌慌张张了。

咦？这让我顿时觉得很好奇，想来想去，根源就在刚刚花出去的那笔钱上。

在这之前，我一直以为挣钱会给人带来安全感，但是通过这件事，我瞬间意识到：

错！把钱真正花出去，才会给你带来踏踏实实的感觉！

每个月多花几百块钱，一年多花几千块钱，并不会让我心里觉得如何，也不会影响我的生活水平，但是当我为了某种目的花了这笔钱之后，顿时就觉得多了些依靠。

明白这一点之后，我马上调转了“枪头”，开始重新审视“应该如何更好地学会花钱”这个问题。

有人说，学会花钱，前提是我得有钱。

错了！

- 学会花钱的前提并不是你要有钱。
- 有钱只能保证你可以有更多的钱去花。

很多人有钱，但是并不知道如何花钱，而很多会花钱的人，迟早都会很有钱。

会花钱，说到底还是要有头脑，要对未来有预判。

04

有头脑大家都好理解，可是对未来的预判是什么？

其实就是对人生当中多半会遭遇的几件事情提前做好准备。

不管怎样，我们都会遇到——

- 组成家庭问题；
- 亲人健康问题；
- 孩子上学问题；
- 某个特定时刻，职业变动问题。

即使这些情况现在未出现，并不代表以后也不会出现。这种变动一旦出现，便意味着你的收入、支出会发生变化，并且进一步影响你的生活。

所谓会花钱，首先就是要在这种人生大概率事件上提前做好准备。

也是从那时候起，我养成了几个一直延续到现在、让我受益匪浅的花钱习惯。

首先不管怎样，都要办一张健身卡。

和改变现状相比，改变身体无疑要简单得多。

有保险当然好，但是那毕竟只是被动防御，如果不想身体有问题，就应该主动锻炼。把身体基础打好，这样不是更好吗？

除了健身卡，还有各种私教课以及户外运动，一年平均下来要花 1 万块钱，在当时对于一个年轻人来说并不少。

但钱花到了这上面，我觉得特别值。为什么？

因为我宁愿每年花 1 万块钱去锻炼身体，也不愿意花 1 万块钱到医院看病。

更何况，健身练出来的肌肉，既有韧性又好看，既能使自己开心，又能愉悦他人，何乐而不为呢？

最关键的是，当你坚持健身一段时间，拥有了更好的身体，你的精神也会发生变化，你绝对不想再丑胖回去。

是的，这就叫“由俭入奢易，由奢入俭难”。

一旦见识过更好的“肉体世界”，就不愿意再回到以前那种大腹便便的人生了！

更何况，没有哪个有品质的有钱人是大腹便便的。

05

第二个习惯：

每个月工资一发下来，就将工资的固定部分转到投资账户中去做理财。

刚开始收入低，金额并不高，只有三五百块。

转到理财账户中的钱，最开始准备存定期，但是很快我就发现，定期的收益太低，很多时候还“跑不过”物价涨幅。另外，定期存款这种低风险低收益的方式并不太适合前景大好的年轻人。

在做了一番了解之后，我果断选择了基金定投，而且是最适合定投的股票指数基金。

这个习惯一直保持到现在。

对，早已脱离年轻人焦虑期的我，依然每个月花一笔钱固定买两只基金定投。

从一开始投到现在，已经10多年了，无论股市涨跌，无论生活好坏，都一直坚持着。

我说过，我这人没什么别的优点，就是能坚持。

说实话，每个月拿出几百块钱，对大部分年轻人来说并不算什么。关键是你能不能想到，另外就是能不能坚持下来。

我也是买着买着才发现：

咦，换个手机的钱有了！

又过了一段时间发现：

咦，出去旅游的钱有了！

又过了几年发现：

咦，换车的钱有了！

到现在发现：

真意外啊，连小朋友未来上高中、大学的钱好像也有了。

这十几年中，我并没有觉得生活水准有所下降，好像没什么感觉就过来了，但是这种积少成多的习惯，却让生活忽然间拥有了无限可能。

06

第三个习惯：

在我力所能及的可选择范围里，一定选择最好的也就是最贵的东西。

很多时候，“物美价廉”的消费观只存在于美好的想象中。

特别是当你经历了一些事情之后，才真的意识到，价廉的很少物美。就像谈恋爱，没有凑合，只有情投意合。

所以，在我力所能及的范围内，我一定会选择最贵的那个。

因为价格常常是评判一件商品的质量最直观的标准。

这当然不是让年轻人一开始就买名牌、奢侈品，但是当你有条件的时候，一定不要犹豫，在力所能及的范围内选择最贵的那个。

这不仅代表着更好的品质，让你有更舒适的心理感受，还意味着你有更出色的判断能力。

● 至少在花钱这件事上，你堵住了很多可能出现的让你吃亏的陷阱。

● 当然也可能会出错，但是这个概率远比你选择便宜的东西掉进陷阱里吃亏的概率小得多。

同时，当你用这样的价值观去判断你的生活的时候，你的周围会逐渐凝聚很多跟你有一样想法的人——这才是你应该存在的地方。

总有一天你会明白，如果你学会了不将就，当你度过年轻这个特定的阶段后，它带给你的收获会远远多于那个多出来的价签。

07

这么多年过下来，一个越来越深的体会是：会花钱的人多半都会很有钱，而很有钱的人却未必会花钱。

为什么？

因为有钱只是一个结果，而花钱却是一个过程，这个过程充满了你对自己的判断、对未来的观察，甚至还有和周围的人的比较。

以这样的方式去花钱，从来就不是一个简单的过程。

而按照这样的方式成长的我，在很长一段时间里也是月光族，但是我心里并不觉得没有底。

当家人、朋友遇上一些问题需要我伸出援手时，我也从来没有觉得惊慌失措。

是的，我们只有知道未来如何花钱、会在哪些地方花钱，才能更好地知道如何赚钱、要赚多少钱。

其实，那些要花钱的地方，无非是生老病死，这些都是大概率事件。

相反，赚钱在很多时候是随机的小概率事件，很多机会甚至会悄悄地来到你身边。如果你不会花钱，根本看不到赚钱的这种机会存在。

对于大概率事件，我们常常不去琢磨；对于小概率事件，我们却思虑过多，这真是一件很有意思的事。

当然，这世上还有一件赚钱的事是大概率事件，那就是我们的职业成长。随着在工作中节节攀升，我们的收入也会相应地上涨。除此之外，还有别的轻松可靠的途径吗？

所以，如果你想过有钱人的生活，请先学会花钱。

为什么要理财？因为要对抗风险

我只是想知道，像我这样的普通人，在城市里打拼，靠自己的工资收入，有没有可能过上自己想要的生活？这其中的答案是我自己在这些年的努力中一点点获得的。

为什么要理财？因为要对抗风险——风险无法预期，它可能一直就在你身边，但你需要很长时间才能发现它。拥有充足的物质基础，才有资本抵御风险。

一直有人觉得奇怪：你不是专业人士，但为什么会一直写与钱和理财有关的文章？

想来想去，我不得不承认，当初自己还是个职场小白时，也曾经就理财这个问题求助过专业人士，结果却发现——

他们说的话我听不大懂，有时候好不容易听懂了，却完全不适合我。

我只是想知道，像我这样的普通人，在城市里打拼，靠自己的工资收入，有没有可能过上自己想要的生活？

可大多数专业人士讲的都是：

如果你有 100 万、200 万、500 万，该如何规划你的理财之路？

唉，那个时候我要是真能有 100 万、200 万、500 万，还用找你们？

后来，一路摸爬滚打，在吃亏、学习、再吃亏、再学习的过程中，我一点一点地记录下了自己的一些感想，有时候是一些疑问，然后在生活中去寻找答案。

这就是我最开始写跟钱有关的文章的缘由——我只是希望和我一样的普通人，在面对柴米油盐酱醋茶和复杂的金钱世界时，心里更有底一些。

当然，我更希望每一个人都能靠自己的力量变得很有钱，淡定地面对生活。

然后，等你们挣了钱，都来买我的书。买两本，看一本，送一本。想看哪本看哪本，想送哪本送哪本——有钱人看书，就是这么任性！

有物质基础支撑的精神，才能创造出精彩的生活。

01

在进入职场之前，我对未来并没有什么概念，当时只是觉得，如果一旦进入社会，就有工作能挣钱了，未来一切都是有可能的。

我已经读了很多年的书，从小学、中学到大学，再到北京接着读书，差不多读了 18 年了。

即使在这个过程当中，无数人质疑过读书时间和未来挣钱空间的相关性，也就是他们所说的“读书性价比”，我依然觉得读书是我们这个社会中绝大多数普通人进入上升通道最有效也是最公平的办法。

更重要的是，读书让我在面对不可预知的未来的时候，总能找到最好的解决方式。

在这个充满未知和疑问的世界，能够拥有找到答案的能力，是上天的恩赐。

当然，这些年条件更好了，在和周围的朋友的交流中，我发现了一个有趣的现象：

- 很多年轻人觉得现在挣钱少，理财可有可无，等以后钱多了再想也不迟。
- 而另一些已经走过初级阶段的人，终于开始想理财这件事了，却几乎是一头雾水。

你不得不承认，后面一拨人就是前面一拨人的答案，而前面一拨人就是后面一拨人的谜题。

这种感觉就像你觉得危险还远，所以一直走得漫不经心，走着走着，才发现自己给自己挖了一个陷阱，并且在未来的日子里让自己不断地跳下去。

有人说理财是一种能力，这话对，这种能力是在不断摸索和学习的过程中培养的。

- 如果年轻的时候关注得早，等到了中年的时候就会游刃有余。

● 如果关注得晚，等真到了需要的时候，就会觉得举步维艰，两眼一抹黑。

有一句话叫“出名要趁早”，理财也是一样——如果你年轻的时候还不够有钱，那一定要记住另外一句话：理财要趁早。

02

很多年轻人之所以不关注理财，很多时候是觉得自己钱少，没财可理。

其实这种想法很天真。

理财是一种思路，也是一种生活方式，它告诉我们应该在什么样的时间，用什么样的方式，做什么样的事情，在未来达成一个什么样的目标。

所以，它跟我们真正有多少钱没有关系，更多的在考验我们对未来的计划以及会有什么样的收获。

不要问我要那么多钱来干什么。

我们的生活和工作当然不只是为了钱，但钱有一个作用对人来说至关重要：它是帮助你抵御风险的最好方式。

风险无法预期，它可能一直就在你身边，但你需要很长时间才能发现它。拥有充足的物质基础，才有资本抵御风险。

有人会继续说，可是投资本身就存在一定风险，无论是股票、基金还是其他理财产品，一旦亏了，好不容易辛辛苦苦赚来的钱就“缩水”了，这太令人心疼了。

是的，投资的确有风险，但是相信我：

这个风险从来都不比生活当中我们必须面对的其他风险大，而且我们可以用合适的形式和足够长的时间去抵御这种风险。

在理财这条道路上，我们的确有可能亏损，但是我们同样会有收获。

而生活中的其他风险就不一样了，这些风险一旦发生，我们根本无从收获——那些心灵鸡汤一样的斩获，当我们面对必须用钱才能解决的问题时，并没有什么用。所以，从某种角度来说，生活中的其他风险更可怕，因为你没有退路。

03

从刚开始工作到现在，这十几年中，我的职业生涯算是顺顺利利地不断“上行”的，但是我在生活中却遭遇了很多让人意想不到的事情，回头再看，这些意外就是风险。

大致总结一下，生活中我没躲开的事情有下面这三种——

（1）钱越来越不值钱。

我刚工作的时候，北京市的房价是每平方米 4000 块，很多人一个月的收入可以买 1 平方米房子。

现在北京市的房价已经涨到了每平方米 4 万块，我们的工资有没有同步上涨呢？

如果没有，还有什么其他方式可以抵抗通货膨胀？

说起通货膨胀，很多年轻人感受不到。

以通货膨胀率 3% 来计算，一年 3% 你不会觉得有什么，但是如果你以复利的形式计算 18 次就会明白。我刚工作时（2000 年）的 100 块钱，只相当于现在的不到 60 块钱，而同时北京的房价却上涨了 10 倍。这一增一减，你的 100 块钱，在 18 年后，相对于北京房价来说，已经缩水到了 1/18。

是的，小龙女从绝情谷底好不容易爬上来后，却发现已经穷得连裙子都买不起了……

这么大的差距，如果你没有富一代的父母可以依靠，如果你没有天上掉馅饼的运气，自己又不愿意理财，那么你告诉我，你能用什么样合理合法的方式去抵御这种风险？

如果选择任意一种投资理财方式，无论是股票、基金还是其他理财产品，坚持 18 年，你的收益会退回到原来的 1/18 吗？

这在投资场上几乎是很难发生的事，但是在生活当中却真实地发生了。那么我们为什么要放弃可能有用的解决方式，去接受那个唯一的倒霉结果呢？

我们当然可以依靠自身在职场上的不断升级来换取相应的价值回报，但是不要忘记，谁也不能保证我们在职场中会一直一帆风顺地走下去。

另外，职场的增值同样是需要时间的，少则 3 年，多则 10 年。

我第一份工作做了 11 年才选择跳槽的，薪酬才随之大幅上涨。你当然可以干几个月就跳槽，但在我的认知里，没有哪个人可以一年之内换好几份工作，薪酬还能够相应地增长——这是不可能的。

（2）需要你照顾的人会越来越多。

最开始你只是一个人，单身男女，一人吃饱全家不饿。后来你会谈恋爱，谈恋爱之后还会结婚，结婚之后还会有宝宝，再后来又有了二胎。你需要照顾的人，从以前的自己变成了现在的两个人、三个人甚至更多。

在这个过程当中，不仅增加了生活成本，你还要为他们提供更多的荫蔽。

这方面，我妹妹就是一个典型的例子。她大学毕业之后，收入几千块钱，在成都那样的城市过得开心、舒服又自在。

她开始和我妹夫谈恋爱以后，两个人要一起出去玩儿，再想过以前那种随心所欲的生活就不大可能了，更何况还要考虑结婚、办婚礼、买婚房的事。

等她和我妹夫结了婚，紧接着要考虑的就是生孩子的事情。中国人历来喜欢把最好的东西留给下一代，他们也不例外。

当我妹妹有了第一个孩子的时候，她就跟我讲，觉得钱真不够花。为什么？因为现在孩子的开销比以前可大多了。

后来国家放开二胎政策，我妹妹生下了第二个宝宝。家里有两个孩子的新一代父母都能体会到，很多开销都需要乘以二，这里面包括孩子的入托费和未来教育的费用。

不仅如此，因为公公婆婆年事已高，和他们小两口一起住。一大家子人住在一起，所有的吃穿用度都要她来计划。她再也不像以前单身女郎时那样随意、潇洒了，相反，越来越会精打细算地过日子了。

这些年来，我妹妹的收入随着职位的提升也上涨了不少，但她依然感觉到：

需要你照顾的人越来越多，钱也越来越不经用。

（3）老人的身体一天不如一天。

我们进入职场之后，父母那一辈人已经老了，根据生老病死的自然规律，等到了一定时候，病痛折磨也会随之而来。

这时候你就会发现，尽孝很多时候是需要金钱来支撑的。

就在2009年，我的工作和生活逐渐进入平稳状态，觉得可以松一口气了，父亲突发脑出血，虽然抢救及时挽回了生命，但也在病床上躺了两个多月。

从那之后的7年中，他一直缠绵病榻，因为肺心病、心脑血管病，多次到了抢救的地步，又留下了癫痫这样的严重后遗症。

父亲治病虽然有保险，但是他在北京几次犯病，因为异地医保并未联通，所有的医疗费用都是我们先行负担的。

就算回去老家报销，由于异地医疗标准和规格不一致，能报销的费用也非常少，更多的需要自己消化。

除了治病费用之外，还有让他保养身体、恢复健康的持续开销。这种开销并不是一次两次，而是持续了整整7年。

在这7年当中，一次次的抢救，一次次的手术，不知花了多少钱。不知道有类似经历的朋友是什么感受，反正在我看来，如果仅靠自己的工资收入，压力真的还是挺大的。

从那年开始我深深地觉得，对于人来说，最重要的只有健康，健康才是你最大的财富。

如果连健康也失去了，那用更多的钱去延续生命也是值得的。

在父亲的内科病房里，偶尔可以看到病情危重的病人，因为家庭经济条件实在有限而不得不放弃治疗。

每当看到这一幕，我都会觉得心酸又庆幸。

我庆幸的是能用钱来延续父亲的生命。这7年当中，父亲至少有三次在生死边缘挣扎，而他之所以能够多陪我们7年，除了有全家人的努力，也有钱的帮助。

我并不是煽情，但是我在内心深处感谢金钱。当你并不会为亲人的治疗费用头疼的时候，你就会觉得人生还是有希望和有选择的。

对，这就是金钱存在的最大意义，它至少能让你的人生存在选择的余地。

2016年4月，我父亲病重去世。很多人问，这么多年治疗最后还是没有痊愈，会不会觉得人财两空？

真的没有，只要这钱能让父亲和母亲多在一起一天，能让他看着孙子一天天长大，看着这个家一天天变好，哪怕最后他离去了，我心里也感觉没有遗憾。

就像之前说的，钱要花出去，才会觉得它有意义。

04

你可以为了回避风险不投资理财，但是你能避开上面这三件生活当中必然会发生的事情吗?

你能保证钱永远不贬值吗?

你能保证你不成家立业吗?

你能保证父母永远健康吗?

不，你都不能保证。

上述每一件事，是生活自带的风险，而抵御这种风险，除了有我们自己的心智之外，还需要物质基础。

其实，我的理财方式很简单，而且延续了超过 15 年——

- 每个月收入的 30% 用于日常开销。
- 30% 用于投资。因为平常工作忙，没时间看盘，我主要是投资风险比较高的定投指数型基金。
- 另外 30% 则留作日常备用，每年年底可以拿来出去游玩。
- 还有 10% 用来购买保险，包括商业大病和意外险。

这些数字看着非常简单，但是这个习惯要坚持十几年并不容易。

开头几年，由于总收入不高，我常常会觉得捉襟见肘。就像很多年轻朋友说的，连平时花都觉得不够，哪儿有钱来理财呢？可是不管你挣多挣少，每个月 100 元你还是能够拿得出来的吧？

100 元就能让你迈入理财的大门，其最大意义并不在于它让你赚了多少钱，而是为你筑起了一堵抵抗风险的墙。

每一堵这样的墙，都是从矮到高一点一点筑起来的。

随着时间的推移，你的收入逐步提高，你发现理财的要求越来越低，你对抗风险的能力越来越强。

这十几年中，中国的股市经历了几次牛熊交替，我的工作也有过两三次变动，职业生涯和个人生活都发生了很大的变化，但是我的这些投资却并没有沉沦，反而越来越远离成本区。

更重要的是，当风险不期而至的时候，它真的成了那堵墙。

父亲的医疗费，很大一部分是基金公司和保险公司帮我支付的。

购买新房的首付，很大一部分是投资收益帮我支付的。

甚至连每年一次的全家出行费用，都是从理财账户里慢慢积累起来的。

这让我想起母亲经常说的一句话：

世上最苦人挣钱，世上最闲钱生钱。

我们当然要不断奋斗，不断提升自我价值，而学会理财可以让我们在前进的过程当中多一个无形的助手，帮助我们获得更多的收益。

如果你有足够的物质基础，可以帮你做出不让自己后悔的选择，你会从内心深处发现，这真是一件幸福的事。

女性理财宝典 1：“傻瓜菜单”

钱是人的胆，对男人是这样，对女人也是。“傻瓜菜单”很好整理，关键是你能不能坚持下去。

对于女人来说，千万别觉得嫁一个好男人就是最好的投资，也千万别把挣钱这事寄托在男人身上，你们自己都经常说男人是靠不住的。

写了那么多跟金钱有关的文章，经常听见周围的女性朋友们问：有没有特别适合女性的理财方式？

一定有。

男女在兴趣爱好、知识结构以及行为方式上的不同，注定了他们的理财风格也有很大的差别。

当然，这里所说的女性，指的都是普通人，并不包括那些生下来就含着金汤匙的富二代以及运气极好、早已经实现财务自由的精英女性。

我说的普通人，是那些靠一份薪水养活自己，现在可能是单身、未来可能要面对家庭和孩子，除了养育下一代，还要为上一代养老的人。

这些人才是生活中的大多数。

那么我为什么专讲女性？因为女性是绝大部分家庭和外界的纽带，也是家庭内部的基础。

01

从社会分工上讲，绝大多数家庭的吃穿用度是由女性来安排的，所以对于生活的压力，女性要比男性了解得更直接、通透。

适合女性的理财方式自然有一些独有特点——女性千万别把挣钱这事完全寄托在男人身上，你们自己都经常说男人是靠不住的。

生活中常有一些不慌不忙的女性，无论遇上什么样的问题，都非常淡定，能从容面对——别急着羡慕她们，她们通常都是早做好了准备。

从另外一个角度看，女性在理财上有一定短板——这里没有任何贬损的意思，只是对男女的不同特点进行客观的阐述。

女性在理财上容易出现的短板是什么？

第一，对数字的敏感程度。

多数女性对数字并不敏感，对股市、债券等理财市场并不太感冒。

第二，对未来大趋势的把握程度。

因为社会分工的原因，多数女性更容易看到眼前的生活，容易受细节方面的影响。

第三，对财富观念的态度。

因为受生活重心的影响，部分女性会下意识地把对未来的期望转嫁到配偶身上，自己就不那么积极主动地去了解和学习了，财富观念比较消极。

在这个世界上，把希望寄托在任何一个人身上，都不如自己去面对更有意义。

理财也是这样，女性理财的目的并不一定是赚很多钱，而是对抗未来的风险和压力。

俗话说，钱是人的胆，对男人来说是真理，对女人来说更是如此。理财是为了未来遇到事的时候，心里不会慌。

女人如果心里不慌，那么无论这个家庭遇到多大的困难，都能扛过去。不信你去看那些遇事不慌不忙的女性，她们真的是早早做了准备的。

02

坦白讲，在中国，大部分女性要面对的生活压力和财务压力比男性多得多，因为她们不仅需要面对自己的工作，还需要面对家庭、面对上一代、面对下一代。

不仅如此，在中国职场上，男女薪酬水平也存在一定差异。虽然近年来已经有所好转，但这种差距依然存在。

这种内外压力的冲击，使得女性必须借助工资收入之外的方式不断积累财富。所以，对于她们来说，理财开始得越早越好，形式越简单越好。

那么，有没有一种女性理财方式，简单到只要有足够的时间，便可以换来生活的稳定和不错的收益？

当然有。

在列出这个“傻瓜菜单”之前，我们依然需要梳理一下生活当中女性需要面对的风险和压力。说到风险和压力，我就不得不说，不管你愿不愿意面对，每个人在生活当中都会遇到大概率事件和小概率事件。

先说大概率。

第一个是生活成本上涨的压力。

2000 年的大学毕业生一个月的工资是 4000 多块，可以在北京市东四环买 1 平方米的房子。现在呢？刚毕业的人依然可以拿到这个数目的工资，但是房价已经一涨再涨了。

20 年前，每年花 2000 块钱就可以读完大学，但是现在的任何一所大学的花费涨了至少 10 倍。

所以，通货膨胀是我们需要面对的第一个大概率事件。

第二个是未来组成家庭和有孩子后需要面对的压力。

这里面包括建立一个家庭所需要的基本开销。未来有了孩子，还得付孩子的教育费、抚养费，这些对于女性来说压力太大了。

第三个是我们每个人都要去面对的赡养老人的压力。

这里面不仅包括赡养健康的老人，还包括赡养年事已高的老人、得了重病的老人，这些都需要经济支撑——这是维持家庭完整、和睦的重要基础。

第四个是维护女性形象和追求生活品质的压力。

女性维护自身形象的成本通常高于男性，追求生活品质的成本也比较高，而这些都不可避免地需要金钱来实现。

03

除了上述的大概率事件之外，女性还需要面对一些小概率事件——

（1）失业

以前经济好的时候，大家可能对这没什么概念，反正辞掉一份工作，很快就会找到下一份工作。但是当整体经济环境转冷的时候，失业的风险是说来就来。

（2）意外

在生活当中，谁都有突然用钱的时候，这种时候如果只有手头那点工资，你就会手足无措。

看过了上面的大概率事件和小概率事件，你就能够大概梳理出一份“理财菜单”——它既能考虑到女性在现代社会中维持一定生活水准的需要，又能考虑到相对长远的未来的需要。

第一，你至少要有一份主动投资。

所谓主动投资，是指风险相对较高，但可以用时间足够长的比较理性的投资方式加以化解，从而获得高收益的投资方式。

股票、基金、信托等都是市场上比较常见的主动投资。

既然是主动投资，那么一定会有风险，不过别害怕，风险和收益永远是成正比的。

对于女性来说，最适合的主动投资应该是定投指数型基金，因为这样更简单，收益也很好。

指数基金是基金里面风险比较高、收益也比较高的基金品种，而定投是指在固定时间以相同金额购买同一只基金的投资方式。

这种投资方式，无论基金净值高低你都可以固定购买，有削峰填谷、摊平成本的作用。

而且你只需要每个月定期购买就行，资金量不会太大，实际上起到了更好地用时间换空间的作用。

至于炒股，对于有时间、有经验的女性来说，未尝不是一种选择。不过对于绝大多数女性来说，我还是建议让更专业的基金经理帮你去理财比较合适。

第二，你至少要有一份被动防御计划。

所谓的被动防御，那当然就是保险了。

这个保险就像《阴阳师》里的萤草、惠比寿老爷爷那样，在需要的时候不断地为你和家人补奶。

对于女性来说，不管你是单身还是已婚，都需要为家里每一个成年人购买一份重疾险。

虽说医保也能够承担部分医疗费用，但医保是国家为公民提供的基础保障，每一年的报销是有限额的，比如北京就是 5 万块钱，谁能保证自己的医药费一定在 5 万块钱以内呢?

这时，必要的商业保险就是很好的补充了。

有了这份保险，至少大病袭来的时候我们不会手足无措。

另外，意外险也有必要考虑一下。对于频繁出差和工作忙碌的现代人来说，意外险非常重要。

作为家庭中枢的女性，需要用意外险来对抗每一次无常变化带来的经济冲击。

第三，在主动投资和防御计划之间，你还需要准备一份成长基金。

它可以用于孩子教育，也可以用于旅游等其他家庭开销。

之所以把这笔钱从主动投资里面分出来，是因为主动投资可能会因为市场的变化而每两三年调整一次，但是成长基金却不需要调整。

比如，你可以为孩子 18 年后上大学做一份资金支持计划。因为这个投资时间比主动投资更长，相对来说，抵抗风险的能力也就更强。

除了基金之外，你还可以定期购买外汇及其他理财产品。投资的方式灵活，压力也不会太大。最重要的是一直要按计划坚持下去，这样你就会获得一笔稳定的未来教育基金。

04

好了，在考虑完主动投资、被动防御以及成长基金之后，理财宝典中真正属于女性的部分出现了——

★ 亲爱的女人们，你一定要在力所能及的时候尽早给自己办一张健身卡。

相对于所有花费极大的美容和保养来说，健身一定是让你用最少成本获得最大收益的投资方式，因为它投资的是你的健康。

更重要的一点是，健身能够让女性始终保持健康的体态，还会给女性带来愉悦的心情和自信心，同时还能有效地减少生活压力对情绪的影响。

消除生活压力的方式有很多种，有钱当然是一种，运动也是一种。学会和压力共处，激发出你的更大能量，这才是良好的生活方式。而对于年轻的女性来讲，越早明白这一点越好。

★ 亲爱的女人们，每年买一根投资金条吧。

投资金条并不是首饰，它是国家专门机构发行的投资产品。

投资金条最大的两个特点：一是保值，二是流通方便。

说到保值，没有人会否认黄金是世界上最佳的保值产品，不管如何通货膨胀，黄金的价值依然存在。

另外，投资金条还有一个比首饰更加明显的优势，那就是变现容易。

如果我们有急用需要变现的时候，可以把投资金条拿到当初购买的地方，按照当时的黄金牌照价格进行回收。

如果回收的价格超过我们购买时的价格，那么我们不仅能够很方便地变现，还能获得一笔超额收益。

中国人有句老话叫作“盛世藏古董，乱世藏黄金”，现在虽然国泰民安，但居安思危是中国人的生活习惯，我们应该尽自己所能购买黄金。

当然，对于黄金投资来说，赚钱绝对不是我们的第一诉求，保值才是。

万一有什么特殊情况，黄金能够最大限度地消除通货膨胀对我们带来的负面影响。

★ 亲爱的女人们，如果有可能，每年给自己买一件贵重首饰吧。

这当然不仅仅是为了美——美是必需的，同时也是为了保值。

注意，这种贵重首饰一定要是通用材质。所谓通用材质，指的是不管在世界上哪个国家或地区、哪一种文化中都具有统一的价值判断标准的材质。

这种首饰包括黄金、铂金、钻石、翡翠、白玉等。

这种投资方式特别适合已经完成了家庭财富的初步积累，生活有了基本保障，同时对未来生活质量和情趣有更高要求的女性。

更重要的是，看着首饰，你们开心啊！

女人其实是很感性的动物，当她看到手里一件一件积累起来的贵重首饰、投资金条时，就会很开心，也会很有底。

这比她手里拿着很多现金有用得多！

别问我是怎么知道的，我妈就是这样！

★ 当买贵重首饰已经满足不了你的时候，恭喜你，亲爱的，你已经进入顶级阶段，可以投资买房了（注意，我说的是投资，不是自住）。

在中国，买房依然是一种非常适用的保值和投资方式，但是相应的资金占用量比较大，同时变现不容易。

买房投资也有很多讲究，除了买住宅，还有商业用房、办公用房以及商铺，每一种方式对应的是不同的用途，对你的资金占用规模也是不同的。

当然，对于大多数女人来讲，到了这个阶段，应该已经打拼了很长一段时间了，是否需要用这样的方式去实现投资价值，多半能够自己判断了。

05

说完了这份“傻瓜菜单”，再说说投入分配比例。

对于刚工作的年轻人来讲，如果不能一步到位，分批次到位也是可以的。主动投资、被动防御、成长基金依次完成，也算是人生的一个小小的目标。

不管怎么样，你应该将年收入的 1/3 用于主动投资，1/3 用于被动防御或者成长基金，剩下的 1/3 用作你的生活开销。

千万别觉得开始的收入少就没必要投资，积少成多是普通人投资的不二法则。

一些女生觉得自己现在收入不高，对理财也基本不关注，其实理不理财，跟收入高低并没有直接关系，却跟你对未来生活的打算密切相关——因为无论你收入是高是低，都需要对未来有所规划。

这就相当于一个门槛，区别只是有的人一早就看见了，从容迈过；有的人视而不见，结果摔了个跟头。

现在很多基金定投每个月最低门槛只有 100 元，100 元就能让你踏进理财大门，这个门槛真的很高吗？

相信这个数额对绝大多数年轻人来讲都不是什么难事，如果你坚持 10 年，连本带利会是一笔数额不小的钱。

别说将收入的 1/3 用于生活开销太少，其实随着你的收入不断上涨，这个比重可能会下降。

更别说拿 100 元来投资理财太微不足道了，其实在真正开始之前，你可能是一个习惯了月光生活的女人，生活中随便一个小变动都有可能让你手忙脚乱。

当你觉得生活费太少的时候，那就意味着你需要广开财源，多努力去赚钱。因为钱不是省出来的，而是赚出来的。当你觉得用于理财的钱太少的时候，同样意味着你需要更加努力，才能让钱帮你生钱。这真的比你靠自己的劳动赚钱容易多了。

★好了，女性理财宝典之“傻瓜菜单”已经完成。

来，跟我念一遍：

一、一份主动投资；

二、一份被动防御；

三、一份成长基金；

四、一张健身卡；

五、一根金条；

六、一件首饰；

七、一份不动产。

初期一、二、四必选，中期一、二、三、四、五必选，未来全选。

菜单好列，坚持最难。关于坚持，请听后面的分解。

女性理财宝典2：4个月后来算一下账，你赚了吗？

我始终建议大家定投高风险的指数基金，那是因为大部分读者都很年轻，年轻就是对抗风险的最好资本。更何况定投也是最能合理规避风险的投资方式，即使比一般基金的风险都高的指数基金，也是如此。

之前那篇关于女性理财宝典的文章最早是发表在网络上的，有很多读者觉得有趣，便开始照着做了，也有很多人怀疑它没有用——不管是照着做的还是怀疑的，都是像你我一样的普通人。

然后，有人问了一个问题：有没有可能用相对比较短的时间来检验一下这个理财菜单的作用呢？

当然是有的。

在写完那篇文章4个月之后，一个读者给我发了她的理财账户截图：

账户总览

总 资 产　¥41,757.58

昨日收益　¥119.18

谈钱很俗，但我就想帮你多赚点

她的本金4万块钱，4个月盈利1700多块钱，超过4%的收益率，年化收益率超过了12%，这已经远远超过了CPI涨幅和定期存款利率。

这位读者是一个普通的职场女性，在这之前没有太多的投资经验，采用的投资方式是最简单、最不用动脑筋的基金投资。

01

10多年前我刚开始尝试投资理财时，只是凭着自己的兴趣去做，结果吃了不少亏。后来经过仔细学习和琢磨，我才逐渐明白市场和钱是怎么一回事。

每个人的性格和决策方式不同，我只能说，经过10多年的坚持，我从中受益良多。

我为什么要专门针对女性写投资理财呢？很简单，一个家庭的幸福和稳定通常不是靠男人维持的，而是靠女性维持的——女性兼顾着丈夫、孩子、父母和工作，可以说女性是家庭生活中最重要的环节。

另外，在投资市场上，男性的好斗、冒险和冲动是与生俱来的，而女性的稳定、保守和细致也是天生的，但财富的增值并不以人的意志为转移，不过它对男性有极大的诱惑力，对女性则有更大的避险作用。

女性往往是大多数家庭的财富流动中枢。以前在公司工作的时候，我们会特别关注那些首要消费群体是女性，特别是25—35岁女性的项目。

为什么？

因为这个年龄段的女性常常是家庭经济权力的掌握者，又没有固化的观念，比较容易让品牌的概念在对方心里扎根。

理财也是如此，这个年龄段的女性有一定的收入，但也有相应的生活压力，所以是最适合开展理财项目的群体。

当然，赚钱这件事，开展得越早越好。

02

这个世界上常见的、合法的赚钱方式有三种：

第一种是老老实实地靠人挣钱。比如工作拿工资，这是大部分人的做法。

第二种是让自己的钱帮自己挣钱。因为人挣钱很辛苦，而钱挣钱就没有那么累了，特别是工作的同时投资理财，常能让你得到一份超乎预期的收益，这是很多富人的思维。

第三种是用别人的钱帮你赚钱。当然，这更像是一种投资行为，更确切地说，是一些超级富豪的行为。

我的理财类文章都是写给普通人看的——所谓的普通人，基本上排除了第三种赚钱方式。其实，绝大部分人还处在用第一种方式的阶段，想尽可能地用第二种赚钱方式，使自己的财富增值。

当然，赚得多还是少，对于每一个人来说有不同的意义。我只是觉得：

一个人在从年轻走向成熟的这个阶段有一个必然的标志，就是你的财务状况要良好，要有清晰的理财目标。反之，一个人越过越糊涂肯定是不行的，也远远谈不上成熟。

我妹就是这样一个例子。很多年以前，她刚工作的时候，是一个寅吃卯粮的月光族，每个月自己挣的钱都不够花。后来，等到家里有事需要用钱的时候，她就一筹莫展，不得不向外借钱。

借钱的时候容易，还钱就会有压力，手心向上的日子真的不好过。后来，她开始跟我学理财，一晃这么多年过去了，她已经习惯了理财的生活，并且渐渐摆脱了以前月月光的窘迫境地。特别是她的第二个儿子出生后，为了两个孩子的未来提前做准备，便成了她理财的最大目标。

如果你让她停下来，她还会很不适应。

但在最开始的时候，她和大部分刚刚看到女性理财宝典的读者一样，会非常怀疑地问：“理财真的有用吗？”

我说，如果你不开始，就永远不知道有用还是没用。别人说得再好，如果你自己不开始，就永远成不了自己的经验。

大部分看文章的女性读者以前没有什么投资经验，她们的问题也不仅仅是“有没有用”这一个，我梳理了一下，以下三个问题是她们问得最多的：

（1）钱不多的时候理财有没有用?

（2）要理财多久才会有用?

（3）会遇到什么样的风险？应该怎么去应对?

03

2016年12月12日，我在微博付费阅读专栏中发表了前面那篇关于女性理财宝典的文章，介绍了一些我心目中适合中国女性的理财方式。

这篇文章写出来之后反响很大，不少读者，特别是平常很少正经思考理财问题的女性开始认真考虑理财的问题。

我不是理财专家，也不是金融从业者。那篇文章只是我根据过去这么多年里自己的投资理财实践，结合女性朋友的一些特点总结出来的简单经验，不为其他，只为分享。

说实在话，中国女性比男性本来就保守，这种保守有时候是一种力量，有时候却是一种缺点。

在投资市场上也是如此。女性投资者一般不会那么冲动，但是如果一旦冲动起来，常常会失去理智。

我之所以用文字的形式把这些跟钱和赚钱有关的内容写下来，并不是要求读的人一定要按照其中的方式去操作。其实，这是对我这些年的理财思路的一种梳理，同时，也可以最大限度地让大家避免冲动投资。

从那篇文章发表到这篇文章诞生，已经差不多整整 4 个月了。

这 4 个月里你的生活有特别大的变化吗？我想没有。

投资市场有特别大的变化吗？我想也没有。

整个世界有特别大的变化吗？当然更没有。

但是，如果你认为投资理财的结果也和 4 个月以前一样，没有什么变化，那你就错了。

04

4 个月以前，我写出关于女性理财宝典的那篇文章，首先发在了读者群里，当时反响很热烈。

在这里需要先交代一下读者群的年龄构成：我的读者 80% 以上是女性，其中将近 80% 是 20—35 岁的女性。

大部分女性读者在这之前没有过投资理财经验，她们刚刚参加工作没几年，心里都有一个问题：

我的钱不多，可不可以等到以后有钱了再理财？

我总是告诉她们：有些事情，恰恰要在你没有钱的时候就要知道、就要开始。如果你不开始，你可能永远等不到有钱的那一天。如果你运气好，未来真的有钱了，要想实现二次增值，照样会弄得乱七八糟。

后来，很多读者开始按那份宝典尝试理财。

接下来的问题便是：应该以多少为限呢？

她们中的很多人不在北上广深这样的一线城市，她们的收入是每个月 4000—8000 块钱。

我的建议是：

拿出你月收入的 10% 进行定期定额的基金投资，300 块钱并不少，2000 块钱也并不多。

对于大部分女人来讲，平常随便花花，每个月折腾出去的钱也超过 10% 了，如果你拿来投资，就可以积少成多。

最关键的是，刚开始投资理财时真的不在于你投入多少，而在于你能坚持多久。

解决了每月投入多少的问题，接下来的问题便是：什么时候投？

有些朋友一听我的建议，就开始了，每个月拿出一笔钱定期定额投资基金，轻松省事。

而有些人则会观望一下，一旦看到后面一段时间大盘涨了，便会后悔；如果大盘跌了，便会迟疑。这种情况很常见，我也特别能理解。但不要忘了，大家都是初级投资者，并不了解市场节奏和具体操作。

人们最不愿意看见的情况是：很多人在股市连续上涨的时候按捺不住，冲了进去，买了股票、基金；而在大盘开始调整的时候，他们觉得可能会跌得更多，结果错过了最好的买入时机。

其实，基金定投完全没有必要这样，因为它本身就是把投资时间拉得特别长。同时，每个月定期投入也能有效地平抑风险，更能让你避免投资市场中常见的冲动情绪。

05

为什么人自己去投资，就很难消除某种焦躁不安的情绪呢？

那是因为人的情绪是天生的，当你看到整个指数开始上涨，获利数字也在上升，同时购买成本也在上涨，情绪自然会受到影响。而当股市开始下跌，虽然购买成本会下降，但是获利数字也会“缩水”，情绪也会受到影响。

就像我们看到房价不断上涨会着急，看到房价下跌会驻足观望，这是一样的道理。

实际上，在投资市场上，最可怕的就是用主观情绪去引导客观投资。相反，如果你始终用客观的方式去应对主观情绪的变动，那么收益就不会太差。

我始终建议大家定投高风险的指数基金。很多人一听见高风险就会害怕，但这本书的大部分读者都很年轻，年轻就是对抗风险的最好资本。更何况定投也是最能合理规避风险的投资方式，即使比一般基金的风险都高的指数基金，从年轻时开始持续定投，坚持一段时间之后，风险也会越来越小。

事实证明，这 4 个月里（2016 年 12 月—2017 年 4 月）大盘起起伏伏，指数看上去并没有太大的变化，依然是 3200 多点，但是，每一段的节点还是有区别的。最开始上涨了一段时间，从 2016 年 12 月中旬开始就不断下跌，2017 年春节之后又开始缓慢上涨。

这其实是一个类似波段的变化，而定投则是最适合波段操作的投资理财方式。为什么大盘没怎么涨，但是定投却依然有收益？因为在每个固定的时间点买入，就可以最大限度地规避风险、增加收益。

那么，在这短短的 4 个月里，我们可能得到的收益有多少？

感谢几位读者分享了她们这 4 个月的收益——请大家首先忽略掉投资总额，因为都是刚开始的初级投资者，总额比较低，也并没有什么具体意义。

有意义的是投资收益比率。

最低的一个人的收益是刚刚超过 1%。她说她就是观望了一段时间，发现大盘的确在上涨，基金净值也在不断上涨，就买入，后来遇上了市场调整，虽然现在有所恢复，但投资收益并不算高。

她自己对这 1% 的收益并没有什么可说的，但我不这样认为。

别忘了，这 1% 是在过去 4 个月中取得的。4 个月有 1% 的收益，那么就相当于年化收益 4%。

4% 的年化收益意味着什么呢？意味着她的收益相当于差不多 3 倍的年度定期存款利率，也超过了同期 CPI 涨幅。

06

再看另一个定投的读者，4 个月内的收益是 3%，相当于年化收益将近 10%，这已经是非常高的数字了。

而最好的是当我发完了理财宝典之后就进行定投的几个读者，她们的收益是 4%—5%，换算成年化收益，差不多是 14%—15%，比很多 P2P 的年收益还要高。

而同期大盘并没有太大变化，只是一起一落而已。

站在这个角度回头看，这 4 个月当中你做了什么特别的事情吗？

并没有！你没有去研究，也没有去盯盘，更没有牵肠挂肚，只是每月按部就班地存上一笔钱，购买一笔基金而已，但是它却给你带来了这样的收益。

这么解释过，相信大家就明白多了，其实普通人的理财思路就应该是这样：

用时间换空间，积少成多。

很大一部分人希望一夜暴富，但是在投资市场里，财富的增值好比一场旷日持久的马拉松，你会发现，跑得快并不能说明什么，最重要的是要跑得久。无论是巴菲特还是彼得·林奇，他们当然有过在市场的刀口上舔血的日子，或者通过某一次投资赚了一大笔，但更多的时候他们是通过避险来赢得市场的。

可能有人会觉得，这几千块钱投资能做什么？就算收益率达到 10%，也不过几百块钱。

也有些朋友听说收益不过几百块，立马觉得太不划算了，没了兴趣。

但是别忘了，现在这些收益少，是因为投资基数低，如果投资金额达到 100 万，你再算算收益会是多少。你还觉得收益低吗？一定不会！

比如说这个读者的收益是：

4 万多块的本金，4 个月的收益是 1757 元，年化收益超过了 12%。

这种投资方式并不仅仅可以用在基金上，在理财宝典中，我还讲过可以定投贵重金属。

对于女人来讲，贵重金属也是一个比较好的投资方式，而定期购买也可以起到避险和增值的作用。不信你可以看下面这个简单的例子——

2017 年 4 月和 2016 年 12 月相比，黄金价格差不多上涨了 10%。如果那时候购买纸黄金、投资金条等投资产品，即使现在进行短期的操作，同样也能够有很好的收益，同期年化收益甚至可以高达 30%。

当你明白了这个道理，便会知道，机会永远都在，问题在于你想不想开始、什么时候开始以及能不能坚持下去。

为什么你理财了却没赚到钱？因为你掉进了这三大陷阱

在普通人理财的这条路上，不怕你是新手，也不怕你是老手，最怕你是一个自认为是老手的新手。

在完成那份适合女性的投资“傻瓜菜单”之后，有朋友读过后很郁闷地说：“我也差不多是按照这种方式进行的，可是为什么坚持不下去，也很难达到自己的目标呢？”

在制定完目标之后，下一个问题就是如何达到这个目标，以及什么样的因素会影响你达到这个目标。

如果说这个世界上存在影响你达成理财目标的因素，那么基本都是你自己的因素——这就是理财有趣的地方。你面对的总是看似冰冷的账户数字，实际上却在和平常隐藏起来的人性作战。

01

很多理财专业书籍或者资料都会这么告诉你：

哪怕你是新手，哪怕你对理财一窍不通，只要你按照既定的理财思路坚持做下去，几年以后就有很大可能获得意外的惊喜。

然而教材是教材，事实是事实——真正有过投资经验的人都知道，绝不要以为有了一份傻瓜式的理财菜单，你未来就一定能获得收益。

这就好比一列朝着目标奔去的火车，影响火车最终抵达目的地的，除了铁轨的方向之外，还有一个很重要的因素，那就是火车上的人。

你是按计划到达目的地呢，还是忽然心血来潮想下车逛逛？你的任何一个决定都有可能带来完全不一样的结果。

从我自己的感受来看，投资理财其实就是在跟人性的负面因素做斗争。

在生活当中，人性展现更多的是光明的一面，但是在投资市场里展现更多的却是负面因素，包括：

随意、贪婪、犹豫、怀疑、冲动以及一知半解。

这些因素常常在某一个时间出现，进而影响整个投资理财的结果。在我看来，如果存在某些阻拦你得到预期理财收益的因素，那么上述的这行字无疑是你通往财富之路的最大阻碍。

尽管已经有了一份看似非常适合自己的理财菜单，但是最后的结果却并不令人满意。计划那么好，为啥赚不了？

就因为下面这些你没注意到却无时无刻不在影响你的陷阱。

A. 时间陷阱

你能坚持到计划的时间吗?

最开始理财的时候，经常听专业人士给大家抛出这样的问题：

如果一个人每年定期投入 10 万块钱，连续投资 20 年，平均每年收益 10%，那么 20 年以后，连本带利会是多少钱?

如果坚持到 30 年，连本带利又会是多少钱?

这个问题总会让人猜上一阵，但是当我们得知 20 年后能赚 700 多万元，如果坚持到 30 年，连本带利会突破千万的时候，会大吃一惊!

为什么会吃惊? 因为这些庞大的数字远远超过理财新手的想象，很多人就是被这个数字诱惑，从而踏上了投资理财的道路。

但是回头再看，这么多年过去了，似乎并没有太多人真正做到这一点。别说 1000 多万了，光是那个 700 多万，常常只是停留在我们的想象当中。这又是为什么呢?

抛开市场是否能够保持每年平均 10% 的收益率一直到 20 年、30 年后这个变量不提，很多人只是单纯地被这个结果吸引了，从而踏入了投资理财的大门。但是他们却忽略了一件事，那就是中间需要一个漫长的过程。

20 年你能坚持下来吗?

30 年你能坚持下来吗?

事实是，别说 20 年、30 年了，有些人甚至连 3 年、3 个月都坚持不下来。瞄准 20 年、30 年开始投资，结果不到 3 个月就觉得前路漫漫、兴趣索然。一旦因此而停止，那你就被理财中的“时间陷阱”捕获了。

B. 规则陷阱

很多人善于制定规则，更善于打破自己制定的规则。

对绝大多数没有投资经验，也没有什么时间亲自操作的理财新手来说，基金定投是比较适合的理财方式。

大家会问：定投基金至少要投资多久？

通常我会建议他们定投基金的时间最好不要短于 3 年，也就是说投资基金的这笔钱在未来 3 年之内不能急用，毕竟基金不是一个像股票那样适合快进快出的投资产品。先不说涨跌风险的问题，光是每次交易就会产生 1.5%—2% 的手续费。

我始终认为，作为一个普通人，你可以把主要的时间拿去工作，然后让钱自己去生钱。从这一点上说，基金定投就是一个很好的削峰填谷、平抑风险的“钱生钱”方式。

照理说，选择了合适的方式，确定了投资时长，明确了投入的金额，只要坚持下去，最后就能获得相对比较好的收益，但实际上情况却并不是这样。

很多人后来突然问我，因为临时有什么事情，他们把基金赎回了，然后现在又想买，不知道合不合适。

我说：不是说基金定投的这部分钱在 3 年之内不会用到的吗？为什么要赎回？

对方总会找出这样那样的理由，但我听到的就是两个字：

随意。

对大多数人来说，理财是一件很容易让人兴奋的事，特别是当你被庞大的理论收益数字诱惑着冲进去的时候。同样，理财也是一件很容易让人热情消退的事，尤其是你发现这笔钱并不能一夜之间到你的账上的时候，热情便会迅速消退。

这时，这笔钱对你来说就不能用来长期投资了，而是随时都有可能被挪作他用的备用金。

至于之前计划的种种，都被抛在了脑后。

很多人特别善于制定规则，但之所以经常得不到自己想要的结果，是因为他们更善于打破自己制定的规则。

C. 目标陷阱

出发的时候，我们经常是有目标的，但是跑着跑着就忘了目标。

一旦你开始理财，就会发现自己身上有很多以前没有显露出来的东西，有些是好的，但大部分是坏的。发现被日常生活遮盖的负面人性，并加以弥补，才是我们提升自己的最好方式。

因为面对金钱的考验，目标执行才是最直接的考验。

实际上任何一个收益丰厚的投资理财计划背后，一定有一个明确的目标以及按照这个目标执行的过程。但在执行过程中，这个目标很容易被我们忽略，从而形成阻碍我们的“目标陷阱”。

比如说，经常会有已经开始投资理财的朋友问我：“如果投资理财是一个长期行为，那应该什么时候卖掉股票或基金呢？”

这个问题让我有些疑惑：“到了该卖的时候就卖啊。”

我这么说，他们就更迷糊了：“那什么时候才是该卖的时候？”

这个反问一出来，我就意识到，他们碰到了“目标陷阱”。

比方说，如果你制订的计划是基金投资 3 年，那么 3 年之后，不管你是亏是赚，都可以卖掉。

再比方说，如果你制订的计划是收益率达到 10%，那么当你的收益达到了 10%，也可以重新考虑下一个目标。

但事实是，很多人投着投着就忘记了原来制定的投资时间目标，或者赚到了 10% 又想会不会赚得更多，结果把自己困在了“什么时候卖”的问题中而找不到方向。

时间、规则和目标是三个阻挡你收获更大财富的陷阱，必须小心避开。

02

理财说白了还是和钱打交道，而钱是最能诱惑出人性负面因素的魔镜，其中两个最常见的负面因素就是贪婪和恐慌。

有一个姑娘因为看了我在杂志上所写的理财专栏，开始投资基金。最开始她也是定投，每个月 1000 块钱。那段时间市场不错，基金净值一路上涨，她买的第一笔基金一周内赚了 5%。

这时，她心里就活泛开了：

买了 1000 块钱基金就赚了 5%，如果买 5 万块钱呢，那不就等于一周内就能赚 2500 块钱？

她顿时后悔自己买少了，毫不犹豫地追加了 5 万块钱。

没想到刚买完股市就开始调整，她追进去的基金，不仅把之前赚的钱吐了出去，还亏了不少。

看到这种情况，她开始后悔和害怕了：为什么自己会这么追进去呢？现在该怎么办？

那段时间股市的连续调整让她坐不住了，她很紧张，吓自己：

基金会不会一直跌一直跌，跌到净值为零，这样我的钱就拿不回来了？

恐慌之下，她也顾不上基金交易的手续费了，又把刚刚追加进去一周的 5 万块钱赎了回来。结果之前的浮亏成了真正亏损，加上手续费，她这一个星期反而亏了 3000 块钱。

最搞笑的是，她赎回后第二天，股价重新上涨，但此时她手里已经没牌可打了——这就是一个投资理财新手因为贪婪和恐慌而导致的后果。

虽然从 2004 年到现在中国股市已经经历了至少三次牛熊交替，普通中国人的财商教育已经比以前有了较大的提升，但是别忘了，还有更多的新人在成长，在更新换代。

这些刚刚成长起来的年轻人，脑子里对理财的概念其实并没有那么清晰，进入投资理财市场的时候也没有那么成熟，一点点收益就会激发出他们的贪婪，同时，一点点亏损就能把他们的恐慌给“打”出来。

如果说避开三个陷阱是投资新手们面对投资理财的第一课，那么克服内心深处的贪婪和恐慌就是大家必须学习的第二课。

如果你不学会这一课，在某个特定时刻一定会做出错误的判断和决定，你期待的收益多半就会跟别人跑了。

03

有人问：“刀少，你又不是投资界专业人士，怎么会开始写理财方面的文章？”说起来这还真是个挺有趣的问题。

我的确不是专业人士，但是我喜欢挣钱，而且在面对一些自己不熟悉、不了解的事情时，我习惯于把它们用文字的方式记下来。

最开始我希望向一些专业人士写的书籍求教，但是看了很多文章之后，发现它们大多写得非常晦涩、深奥难懂——我当然理解投资理财的专业性，但是这个世界上是否也存在另外一种表达方式，把事情讲得不那么弯弯绕，让大家更容易理解一些呢？

所以，我写的并不是什么专业知识，只是一个普通人在理财道路上一点一点成长的心得和体会——最开始是一些问自己的问题，然后不断地自己寻找答案。

这个过程，帮助我逐渐从菜鸟阶段慢慢走出来，发生变化，也让我相信有更多的人和我一样，可以从这个过程中收获更多。

经常有人问我：“刀哥，我什么都不懂，对理财一窍不通，我能理财吗？”

我说当然可以，其实什么都不懂一点不可怕，每个人都是从小白一步一步走过来的，你只需要有明确的目标和合理的方式，按照这个方式朝着那个目标坚定地往前走就行了。

实际上，如果你稍微关注一下，便会发现一个有趣的现象，在投资市场里赚钱的通常有两种人：

一种是经历过风雨经验丰富的老手，他们浮沉多年，对机会的把

握和风险的判断都很敏锐；

另一种就是什么都不懂的新手，他们并没有那么了解市场，但最后你会发现他们居然比那些在中间不断折腾的人赚得多。

相比之下，后一种人更让人好奇。为什么？因为他们对市场不熟，恰恰帮助他们屏蔽了众说纷纭、真真假假的信息，从而让他们最大限度地节省中间的试错成本。

另外，赚了钱的新手通常还有一个共同点，他们在投资之前都有一个比较明确的目标和合理的执行方式——大多数时间他们做的事情，就是按照既定的方式去执行，并完成目标。

不管外界折腾成什么样子，他们还是会按照目标前进。

而那些进入市场更久一些、对理财了解得也更多一些的人，常常却是亏得最惨的。

因为市场上任何一点风吹草动、任何一点小道消息都能牵动他们，从而使他们轻易做出判断。

且不说这些小道消息的准确性，光是这一来一去的手续费、股票踏空或者追高之后的悔之不迭，就够他们喝一壶的了。

而像开放式基金这样的不适合短期操作的投资产品，他们也能来来回回一个月操作好几次，光是手续费就占他们的交易成本的很大一部分。

在投资市场里有一句老话：

不怕你什么都不懂，也不怕你什么都懂，就怕你似懂非懂。

因为“二把刀”最可怕！

04

既然说了问题，那么就来开“药方”。

很多人说，他们对理财没有什么经验。没关系，如果你是一个新手，那就做新手该做的事。

首先，你得弄清楚几个问题：

（1）你每个月的收入是多少？能够投资的金额是多少？

投资理财不是一夜暴富，也不是寅吃卯粮，而是量力而行、聚沙成塔，既要开源，也要节流。

（2）你的风险承受能力怎样？你愿意承受多大的亏损？

很多人常希望收益翻倍，那你能否接受成本亏损过半？记住，如果你可以接受成本亏损过半，那意味着你有可能会迎来收益翻倍的那一天。

（3）你希望自己的投资理财能赚多少钱？

这实际上是在为自己设定一个目标，比如跑赢通货膨胀；或者是每年收益达到 10%，超过大部分理财产品的收益率。

只有目标清晰，我们才有更广阔的比较和调整空间。

（4）你希望在多长时间内完成这个目标？

你的这个投资目标需要在多长时间内完成？这并不是一个简单的问题，而是综合了你自己的经济实力、整个市场状况以及你对于相应投资产品的了解之后得出的结论。

（5）你完成理财目标的方式是什么？

这是让你根据不同的理财目标、不同的财务状况确定不同的执行方式，股票、基金、私募、期货等都可以是你的答案。

05

问完这五个问题之后，基本上你就能够筛选出适合自己的投资目标、时长和方式了。然后，你就可以按照确定的方式去执行，不达目标绝不撒手。

如果是年轻人，尽管先期收入不多，但因为未来发展空间广阔，远期风险承受力比较强，所以大可以选择定投风险比较高的指数型基金进行长期投资。

进入中年生活稳定期的投资者，短期风险承受力是最强的，那么就可以选择股票、信托以及不动产进行投资。

如果是老年人，因为老年人的钱更多是用来养老的，他们一定是风险厌恶者，所以尽可以选择货币、债券等风险小、收益稳定的投资品种。

这些方法很多人都知道，但是很难坚持下去。知易行难就是这个意思。

归根结底，真正影响我们收益的往往不是市场的变化，而是包括贪婪、恐惧、犹豫以及一知半解在内的负面因素。

要想做一个好的投资者，首先就要消除内心的负面因素——它能让我们看到光明和有希望的一面，同时也能让我们发现内心深处的阴暗、晦涩。

所以，理财虽然面对的是金钱，实际上是在跟人性作战。只有战胜人性的弱点，才能体会到“钱生钱”带来的舒爽。

看不上小钱
又挣不了大钱的年轻时代

钱这个东西真的是一面魔镜，它会照出我们人性当中很多看不到的缺点和隐患，比如说大钱和大毛病、小钱和小问题。

不知道是不是时代不同了，关于钱的认知发生了很多变化，特别是它对年轻人的影响。

有人说是因为现在的年轻人钱来得太容易，无论是父母还是长辈，都愿意为他们付出更多，所以年轻人可以不用怎么努力就能过上很好的生活。

在大钱、小钱这件事上体现得更加明显——很多人希望一下就赚一大笔钱，相应地，他们不怎么把小钱放在眼里。

01

以前曾经看过一本书上说："一个人的金钱观往往会左右他的职业观，甚至影响他的职业发展。"

初看时对这话还不太理解，但是后来随着经验和阅历的增加，越来越觉得这句话说得非常有道理。

几个月前，一个熟人家的孩子忽然联系我：

"叔，能跟你请教一下怎么才能多赚点钱的事儿吗？"

这个小朋友今年23岁，大学毕业半年，在北京一家公司工作。因为刚出校门经验不多，做的基本都是助理类的事情，每个月的收入也就4000块。用他的话来说，每个月工资除了用作房租和必要开销之外，几乎所剩无几。

在北上广这样的一线城市，如果一直靠这个收入活下去，的确挺辛苦的。

我说："那你的工作闲暇时间多不多？"他说因为刚开始上班，并没有接触到太多很繁重的工作，所以时间相对比较充裕。

正好身边有个朋友在做一个项目，需要兼职的人手，而这个小伙子在大学学的是市场营销，我就把他介绍给朋友，每个月兼职工资2500块。

小伙子了解了一下工作内容，发现是他比较熟悉也完全能够hold住的，于是很高兴地答应下来。

之后的事情我便没有问太多，一直以为小伙子在那里做着兼职呢。

过了一段时间，我在外面开会，碰见那个朋友，问起小伙子的工作情况，他惊讶地说：“啊，你不知道吗？他只做了一个月就辞职不做了。”

我听了非常意外：“为什么？是你那里的工作太难或者太累？”

朋友皱了下眉说：“其实还好，因为知道他是个新人，所以就让他执行一些基本的任务，并没有太复杂的事情。”

朋友的话让我非常费解，于是我又给那个小伙子打电话。

在电话里，他说自己的确辞了那个兼职，因为……觉得兼职挣得还是太少了。

我说你一个月正式工资才 4000 块钱，兼职挣的差不多是你工资的 60%，为什么还嫌少？

他有些不好意思地说了一堆关于这个兼职工作的问题，比如学不到太新的东西啊，要件的时间比较紧张啊，等等。

我一时间不知道该说些什么。就在那个短暂沉默的档口，他忽然问：

“叔，还有没有更好一些的工作？”

02

我很想骂他一顿，但还是强按住心头的火气，问他什么样的工作才是他心目中更好的工作。

他有些扭捏，半天没答上来。我忍不住说：“你是不是想要那种不怎么忙，还赚得不少的工作？”

其实就是活少、钱多、老板傻。

他高兴地说："是是是，总觉得兼职就是零敲碎打，挣些小钱。"

我说："有啊，年薪几十万、上百万的都有，不过那样的工作都要30岁以上，你可以吗？"

他："……"

我："或者5—10年的工作经验……"

他："……"

我："再不然就是能用英语做工作语言……"

他彻底哑巴了。

每个能赚更多钱的工作条件都摆在那里，而他……都没有。这个世界上挣钱多的工作有很多，但没有一个是给初出茅庐的人准备的。

之前我一直在一个年轻人求职的节目里做职场达人，负责公司的招聘工作。因为那个节目知名度很广，小伙子几乎每期都看，有些时候他跟我说起当下一些年轻人的金钱观和职业观，头头是道。我当时还觉得他挺明白的，怎么才工作了几个月就变了？

其实，他所在的公关行业现在面临的竞争压力非常大。这样的兼职不仅能带来一些收入，也能够更好地提升他的眼界，让他接触更多类型的项目，从而提高他的工作能力。

有些时候我们不排斥挣小钱，并不是说我们看重钱的数目，而是可以通过这个阶段提高我们的能力。

但他放弃了。

这让我不由得想起那句话：

喝过那么多鸡汤，却依然过不好这一生。

看不上小钱，又挣不了大钱，应该是年轻时代毒鸡汤中很特别的一碗吧。

03

记得我刚工作的时候，工资也和现在的年轻人差不多，有些时候稍微遇上点事就会捉襟见肘，所以更好地开源、多挣点钱是我那时候的第一任务。

当时，对我这样以写字为生的人来说，最方便的无疑是在工作之外利用闲暇时间兼职给报刊写专栏。

那时候一篇文章的稿费并不高，2000 字的文章，稿费顶多 200 块。我一个月顶多能写五篇，也就是能多赚 1000 块。

说实话这钱真不多，但在当时的我看来，这不单单是在兼职赚钱，而是给了我更多的磨炼机会。因为每个媒体的稿件要求、文风都是不一样的，多尝试、多了解，就能更好地提高文字水平和表达能力，写出更好更多的东西，让更多的人看到，引起更大的反响。

写了差不多 1 年，有几家知名报刊专门主动联系我，希望我给他们写专栏。这种约稿的稿费比以前高，差不多能达到以前的两倍。

写了 3 年左右，我积累了一些作品，在业界逐渐有了名气，这时候有媒体再来约稿，稿费就涨到了千字千元。

到了第 5 年……哦，那时候我只会给自己感兴趣的报纸或者杂志写专栏，如果不喜欢，再多的稿费我也不写。

再后来……再后来的故事你们已经知道了。

如果那时候我看不上那200块小钱而不去写，就不会有后来光是在微博上每个月靠付费订阅就能赚10万块钱的刀少了。

为什么说一个人的金钱观常常会影响他的职业观？

那是因为在不成熟的时候，很多人会单纯从报酬数字的角度去考虑这个职业或者工作的意义。

不管是正职还是兼职，收入和工作一样，都需要一个成长的过程。

这个成长的过程既包括金钱观的成长，也包括职业观的成长。对每个年轻人来说，最重要的就是发现自己的不足，然后去弥补，不断提升自己。等提升到一定程度，你自己就能获得更高的收入。当你站在一个更高的位置审视自身时，又会发现新的问题。然后，你继续弥补、继续提升，不断地达到以前想象不到的高度。

所以，在那个阶段，如果那是自己应该做的事，我从来不会因为稿费少、是小钱就不去做——在那个过程中，我同样提升了自己的能力。

而当我的能力不足的时候，挣很少的钱也是理所应当的。

但是，这样的观点在现在一些年轻人身上并不适用。或者说，当这些事情发生在别人身上时，他们觉得可以理解，而一旦发生在自己身上，他们就不愿接受。

04

真的，年轻的时候，无论做什么工作，都不要看不上小钱。因为只有经历过挣小钱的阶段，才最容易暴露出你的缺点。

所谓小钱，并不一定指的是钱的数目很少，而是对你的能力的合理评价。

请你相信，这个世界尽管存在很多不公平，但也一定存在很多公平的地方，对于每一个努力的人的价值进行合理判断，就是公平的一种体现。

我想除了极个别的例子之外，很少有企业愿意给初出茅庐的人几十万、上百万的年薪。

为什么？因为不值啊。

同样，很少有企业愿意通过猎头去招聘年薪只有几万块钱、月薪几千块钱的初级工作人员。

为什么？也因为不值啊，还不够给猎头的佣金呢！

最有趣的是，我和很多人说这个道理的时候，他们都能明白，但是一落到自己身上，又觉得有些难受了。

我曾经听到过不少年轻人关于挣小钱的抱怨，其中说得最多的就是觉得挣这些小钱没有价值。可是这些年轻人，你们自身的价值又有多少呢？

所以，与其说是自己志向远大，倒不如说是对自己的价值没底气。

就像那个小伙子，他觉得去做兼职每个月挣的2500块是小钱，但是当你真的把一些可以挣很多钱的工作的条件摆在他面前时，他顿时就退缩了。

这就是年轻时代的另外一个特点——

初出茅庐的时候，生怕别人看轻自己，生怕别人认为自己做不到，

但实际上你就是做不到。

如果你一出社会就什么都可以做到，那么所谓社会经验和职业成长经历不就等于零了吗？

05

还有，很多年轻人经常使用的一个拒绝理由就是“觉得学不到新的东西”，真的是这样吗？

那个小伙子在他的正式工作岗位上只是做助理，但是在兼职的时候却可以执行具体的任务，这已经比他原来的职业成长计划快了一步了。

就像当年我写稿子，很多人只看到 200 元的稿费太低，我却用这样的方式迅速体会到了报纸和杂志在选题方向以及写作文风上的最大区别。在只能“挣小钱”的阶段，如果你的眼界仅停留于此，那未来会失去很多机会。

这个时候真的学不到东西吗？

有些时候我们觉得学不到新东西，是因为我们觉得事情简单。但是当我们真的觉得一个东西简单的时候，会特别容易犯错。

有的公司之所以愿意花几十万、上百万甚至几千万的薪水来请一个成熟的职场中人，是因为：

（1）这个人能做出比别人更好的东西。

（2）这个人比别人能少犯很多错误。

年轻的时候，试错成本更低，这个时候打好基础，更有助于我们未来的发展。

千万别等到未来发展得更好的时候再去试错。对不起，在那个时候，没人会给你试错的机会。

可是，有的年轻人容易把这个想得过于简单，简单到觉得一切都没有意义；有时候他们又会把它想得过于复杂，复杂到一个兼职就承载了未来几十年的职业重任。

这种时而简单时而复杂的想法，经常把人引入自我认知的误区。

我始终认为，对于只工作了 3 年的年轻人来说，并没有什么大钱、小钱之分。因为这个阶段的我们更多的是在打基础，在为未来的快速成长积累经验。

在这个阶段，如果对自我的认知错误，失去了快速积累经验的渠道，那么等真正到了将来，你也很难把握住挣大钱的机会。

就像那个小伙子，一听到好工作所需的那些条件就有些发蒙了。

在这里，我再说一个容易掉进去的陷阱：

自负到自卑，常常就是一层窗户纸的距离。

所以，钱这个东西真的是一面魔镜，它会照出我们人性当中很多看不到的缺点和隐患。你觉得小的未必小，你觉得大的未必大。

第二章

如何从低薪走向自由？

- CHAPTER TWO -

别信“相由薪生”——
薪水会给你带来自信，但会夺走更多

别听有的人胡扯。如果你的相貌一定要跟钱扯上关系，基本上也就没啥希望了。

博大精深的中文经常能演变出新事物，比如最近很多人认同的“相由薪生”——望文生义即知，这个词想表达的意思是：

你的薪水决定了你的相貌。

用支持者的话说，30岁以后，从你的脸呈现出来的状态，基本能够看出你的薪水是多少；同样，你的薪水多少也能决定你的脸是什么样的状态。

开始觉得有些绕，也觉得有些道理，但是再想想，特别是想到自己的职业生涯，顿时醒悟过来：

啊呸！这又是一个智与美的陷阱，不是希望给自己的脸找借口，就是想给自己的薪水找理由。

01

薪水当然和你的脸有关，但仅仅是有关而已。

既然都说了 30 岁以后的相貌，那好，就从 30 岁开始说起——毕竟 30 岁之前的那些年懵懵懂懂，收入也不会太高，并没有太强的代表性。

30 岁那年，我在一家媒体工作到了第 6 年，刚刚竞聘上一个部门负责人，薪水从之前的 5000 块涨到了 8000 块。

说实话钱并不多，但是那时每天工作都特别开心，因为心里真的很喜欢。

至于喜欢的理由，是这个工作能让我不断接触到新的东西，虽然经常不深入，甚至是浅尝辄止，但它能告诉我世界有多大，世界变化的脚步有多快，而我是在用什么样的速度跟着这个世界的变化。

那时候烦恼事儿真心不多，我把薪水的一部分拿去还房贷和车贷，剩下的就是自己的开销，偶尔有点剩钱，就拿去做投资。当然也做不了什么大投资，只不过是在基金或者股票上小打小闹而已。

我并不常买奢侈品，也不怎么出入高档的场所，每天工作之余的时间都拿来看书、运动……如果一定要说奢侈的话，我花了很多的钱在运动上，学健身、学击剑等。

这些其实跟你的薪水多少没有什么关系，挣得少一点的人，一样可以这么过。

长期的运动会让人精神饱满，干劲十足，状态良好。这种状态反映到脸上，那就是会让你的脸显得很年轻，没有那么多皱纹。

这种状态一直持续到我 35 岁。对于男人来说，35 岁是一个非常重要的年纪，你基本已经看清楚了你的过去，对未来也有所感知，并且有适度期待。

02

也就是在这一年，我决定离开原来以为会从事一辈子的媒体行业，进入企业工作。一方面希望做一些新的事情，另一方面也希望能够提升自己的薪水。

离开媒体前，我的工资和 5 年前竞聘部门负责人的时候基本一样，没有任何变化，但是我却看到了整个行业在新的传播形式下止步不前，甚至不断滑落，而且这种趋势似乎无法阻挡——这才是最让人觉得恐慌和遗憾的地方。

离开媒体行业不久，我便进入企业，起点还算不错，拿到了一个年薪 45 万的外企 offer。

然而，我并没有高兴多久，第一个月工资单发下来的时候，我就吃了一惊，因为扣了很大一笔税。

以前在媒体工作的时候，工资整体不高，所以基本不用考虑税的问题。但是在外企却不一样，听着很高的年薪，一旦变成账户上的数字，就会打很大的折扣。

第一个月我交的税金已经超过了之前做媒体的月收入。

但这并不算什么。以前在媒体工作的时候，相对还是清闲的，但是真正进到外企后，却发现时间越来越不够用，加班成了常态。

而且很多工作时间基本上都不在预料之内，我会经常到全国各地出差，也需要随时随地回邮件。

时间不够用，首先被挤压的就是运动和休闲的时间。

往常我有很多时间去看书，现在却没有了；有很多时间去运动，现在也没有了。我不得不把所有这些挤出来的时间用到工作当中去。

每当有所抱怨的时候，别人会说：那你的收入还增加了呢。

多数情况下，我会闭上嘴巴，因为不知道怎样反驳。

03

在这之后的六七年中，我又换过两次公司，包括行业公司和上市公司，年薪也一路不断上涨。

单纯从薪水来讲，这真的比以前高太多了，而且按照“相由薪生”的逻辑，这个时候我的状态应该是最好的。而事实恰恰相反，我跟别人见面，人家都会觉得：你现在看上去怎么那么累，好像很辛苦。

说实话，当然很辛苦，因为这六七年当中，我基本上把大部分的空闲时间都拿来工作了——

博客上曾经吸引了很多人的运动日志，停了；旅游日志，停了；读书日志，也停了。

为什么？因为真的没有时间啊。

另外，就是心累。因为要考虑的事实在太多了：自己的工作没做好，要发愁；团队的工作没做好，要发愁；自己和团队的工作都做好了，但是最后反响不好，一样要发愁……

在这种状态下，唯一可以拿来说一说的就是薪水了，毕竟年薪听上去还是一个挺让人开心的数字，总会给人带来一些自信——这就回到刚才所说的话题上了，薪水能够给你带来的就是自信。

比如，你会觉得这件东西你可以买，房价涨了没关系，孩子上学没关系，父母养老没关系，以你的薪水，这些都能负担得起。

但是仅此而已，其他很多事情你都没有时间去体验，而且你还要面临更多的压力——来自公司的，来自家庭的，来自亲朋好友的。

周围人都觉得我很强，所以有什么事都会来找我，并不在乎这事是不是跟我八竿子打不着，或者我有没有本事把月亮给摘下来。

对，后来我的收入是以前的很多倍，但是心里并不觉得轻松。

以前收入少的时候，要攒好几个月的钱才能去旅游。现在的收入可以随意地说走就走，可是哪里有时间说走就走？

以前想买一些奢侈品还要下很大的决心，现在不用，拍拍脑袋，分分钟决定了，但我现在根本没有逛街的时间。

这样说，可能有人觉得我是在装，但却是真的。

04

说起来，这份薪水带给人的仅仅是自信而已，可是光有自信并不能解决任何问题，特别是对社会中的人来说，你还需要时间和能力去实现除了工作之外的目标，比如感情、亲情、家庭。

可是，如果你只有自信而没有时间，你的这些目标也就只能在嘴上说说而已。

年轻的时候拿时间换钱，年纪大的时候拿钱买时间，说的就是这个道理。

真正能决定一个人相貌的，是他内心的满足感。

这种满足感并不仅仅体现在薪水方面，还有：

对健康的满足，

对感情的满足，

对家庭的满足，

进而对生活的满足。

所以，对于男人来说，薪水并不能决定你的相貌，但是内心的满足感却可以，它能够让你看起来不那么紧张、不那么焦虑、不那么憔悴。

至于女人，更是如此。

那些薪水非常高的女人，时间也会被工作挤得非常细碎。她的确有足够的钱去健身、去美容，但前提是她要有足够的时间。

我想，真正让她产生满足感的，不一定是薪水，而是上述那些方面。

生活如果能够给你带来这种由内而外的喜悦，那么，你的脸上就会绽放出不一样的光彩，你整个人看上去就会闪闪发光，比实际年龄小很多。

我们需要的，终究是完美的生活状态，而不是仅仅占了生活一部分的工作。

如果我问：决定一个人的相貌、状态的最重要因素是什么?

肯定会有人说，保养；

也会有人说，运动；

还会有人说，读书。

这些答案都没错，但无论是保养、运动还是读书，都需要时间，而薪水却是那个毫不犹豫地剥夺你的时间的凶手。

指望这样的凶手让你的内心充实、让你的内心满足、让你的脸上大放光彩，那简直就是在做梦。

而眼睛只盯着薪水的人是不会有满足感的，特别是对自己的人生由内而外地感到满足。

这就像一个围城，低薪的时候你会想着高薪，真到了高薪的时候，你就会想着自由。

不过，这终究只是一个假想出来的问题。

应该如何提加薪——记住：工作辛苦、物价上涨跟加薪都没关系

工作是人生中最大的一场游戏，重要的是玩游戏的方法，而不是玩游戏的心态。

在职场有很多个关键时刻，比如在新年之际提加薪。

在这个节骨眼上，很多人都会比较纠结，一方面觉得辛苦一年了，自己应该加薪；另一方面这并不是自己能决定的事，没把握。

该怎么向公司和老板提加薪呢？什么才是加薪的充分必要条件？工作辛苦、物价上涨、劳苦功高，这些理由有没有用？

这些有关加薪的问题很普遍，却经常会难倒一批人。

01

关于加薪，说两件真事儿。

前段时间我和朋友 A 碰面，他正忙着春节前的大小事项。喝了一会儿咖啡，他就接了好几个电话。他说忙完这段时间就准备向公司提加薪了。

我这朋友 30 多岁，在这个公司是业务骨干，每天都挺忙的，有些时候为了拓展业务还经常出差和加班。他的月薪是税前 2.5 万块，但他对这个薪酬一直不是太满意，所以准备在春节前向公司提出来，希望涨到 3.5 万块。

我当时问他："提加薪有把握吗？"

他皱了一下眉："其实这份工作我很喜欢，公司在行业里也比较知名，薪酬也好过其他同行，就是这老板比较滑头，有些时候明明知道我最辛苦，却视而不见，还继续把很重的担子扔到我身上来。"

不过，他对自己的加薪要求还是很有把握："公司里没有人比我更辛苦了，我每天忙到最晚，要是不给我加薪，那就太不公平了。"

听了他的话，我心里有点打鼓，提醒他说："你真的觉得辛苦是提加薪的最合适的理由吗？"

他看了我一眼说："如果这不是，什么才是？"

我说："当然是你的工作业绩。你刚刚也说了老板比较滑头，如果真的要说辛苦，你们公司最辛苦的应该是你们老板。对待这种老板，最好就是做出业绩给他看，不是吗？"

我这个朋友性子比较执拗，听了我的话，也说了他自己的看法：

“可是我的业绩摆在那里，还用说吗？如果他是故意看不见，那是他的问题，不是我的问题。”

我说：“那如果加薪意愿没达成，你会离开吗？”

A 一下卡住了，毕竟他所在的公司是行业内的领头公司，以他的年纪和资历，离开这里去其他地方，薪水反而会降低，这是他不愿意接受的。

但他还是坚持认为自己加薪是完全有理由的。

这个话题我们没有再继续聊下去。

昨天他给我打了一个电话，挺沮丧地说了最新情况：“老板只同意给我每月加 1000 块钱薪水，这个数字远远低于我的预期。”

02

相比之下，另外一个朋友 B 的事也很有趣。

这个朋友在同一行业待了 8 年，兢兢业业，从助理做到今天的资深员工，经验丰富，执行力强，成绩斐然，同行业的竞争公司的老板多次想挖她，为此给她开出了比现在的薪酬高 20% 的条件。

因为这个公司比朋友 B 所在的公司规模大，职级也有明显上升，B 还是很感兴趣的，唯一的不足是 B 觉得这个条件不算太好，因为她希望获得的薪酬涨幅是 35%，于是她写了封邮件给邀请她的老板。

发出去之前，她有些拿不准，问我能不能帮她看看。

B 的职务作品经常写得有理有据，条理清楚，查证细致，并且常有让人意外但合乎逻辑的判断。但说实话，这封希望提高薪水的信却惨不忍睹，完全不像她写出来的东西。

她先是列举了对方公司目前存在的一些问题，认为自己的加盟能解决这些问题，然后很委婉地表示现在的offer不算太理想，自己已经执业8年了，也已年近30岁，而物价在不断上涨，她也需要在管理方面能锻炼自己……就结束了。

我说："我要是对方老板，收到你这封信，多半不会同意你提高薪水的要求。"

B很意外，问："为什么？"

我说："吸引老板的是你的工作业绩和职业态度，但那是你的工作呈现。你在工作中面对的是客户和调查对象，现在这封邮件中，你需要面对的却是你自己。我看了你的信，基本可以确定三件事：一是你肯定没有对那家公司进行仔细了解；二是你也没有为这次提高薪水要求做周密考量；三是最重要的一点，你平常很少对自己做梳理和总结。"

B一愣，沉默片刻后，不得不承认的确如此。

那三件事是她的信告诉我的，我来具体说明一下：

第一，她虽然分析了对方公司的一些问题，但全部是在用文字表述，完全没有任何图表、图示、数据等论据呈现。而她所在的行业是一个以数据整理、分析见长的行业，这只能证明她并没有花太多时间对对方进行审视。

第二，虽然她的优势的确可以弥补对方目前的劣势，但是如何弥补、在多大程度上能弥补、在多长时间内弥补，信件中并没有针对这些问题给出精准的答案。

比如，在过去的工作经验中，她在多大程度上提高了公司业绩，是花多长时间做到的，这些正是吸引未来老板的东西，也是她跟对方讨价还价时的重要砝码，但是她却忽视了。

但是，我个人觉得她最大的问题是第三点：

年近30岁，就应该聘用你吗？物价上涨，就应该提高薪水吗？你需要积累管理经验，就应该给你管理岗位吗？

这些东西是需要你用过去的业绩呈现来换取的，而以拉家常的口吻来表示对offer的不甚满意，实在是不够专业。

B考虑了一番，重新修改了这封邮件，后来对方果然按她的要求同意了加薪。

03

A、B两人都要求加薪，但结果却不相同，那么导致加薪失败的关键因素是什么？

第一，加薪只说主观感受，不说客观事实。

我觉得A的工作业绩其实还是挺突出的，他的加薪要求之所以受挫，很大一部分原因在于他自己的思考角度和方式。

A一再强调自己的工作状态是加班、出差、带团队，很辛苦，但是辛苦永远只是主观感受，而真正能让老板同意给你加薪的，常常不是主观感受，而是客观事实。

举个特别简单的例子：A 如果能客观陈述自己负责的项目在多大程度上帮助公司提升了业绩，他负责的业务拓展项目在多大程度上拉大了公司和竞争对手之间的距离，在每一年的业务增长过程当中，他负责的部门的业务占了多大比例……这些都是无可辩驳的客观事实，摆在老板面前，任他再滑头，也回避不了。

但 A 明显只强调了自己的辛苦付出，却没有为自己的加薪理由提供更有利的“炮弹”，这种主观感受很容易感动自己，却特别不容易打动老板，更何况对方还是那么滑头的一个人。

B 原来那封邮件也是这样。年近 30 岁、物价上涨的确对我们的生活成本有更高要求，但是哪个老板真的会因为这个而同意给你加薪？物价上涨跟加薪有什么关系？

真的，很多人在提加薪要求的时候，常常强调自己的主观感受，却不由自主地忽略客观事实。

要论辛苦，谁不辛苦？你当然觉得自己很辛苦，但是职位比你高的那个人就不辛苦了？只是你们辛苦的角度和方式不同，你看不见而已。

真正有过企业管理经验的人都知道，只强调个人感受的时候，你的加薪要求多半是得不到满足的。

如果你认为加薪是理所当然的事情，那就更多地用客观事实去说话。

因为和功劳相比，苦劳最不值一提，只有你自己会感动得一把鼻涕一把泪。

第二，回避真实想法，喜欢绕圈子。

有很多人在面对加薪要求的时候，不仅习惯性地只强调个人感受而忽略客观事实，还躲躲闪闪的，不敢理直气壮。

这种躲躲闪闪和不敢理直气壮体现在两个方面：

很多人常常只提加薪意向，却从不主动向领导提出自己的薪水要求。

就像A，他明明希望将薪水提到3.5万块，却不直接提出来，而是在内心深处希望老板主动达到他的预期要求。

在职场中，很多人用这种方式去提加薪，甚至把这种方式当作对老板的一种试探。但是对于老板来讲，这就像一个讨价还价的过程，如果你不提，那我就下意识地压低价格，等着你还价。

但是站在员工的角度，他却不认为老板这是在讨价还价，反而认为这就是自己在老板心目当中的价值，结果薪水没有到达自己的预期要求，因而心情沮丧，最终离职。

出现这种问题，很大程度上是因为中国人很少直面钱这种东西。在提加薪要求这件事上，其实开门见山更好，员工直接告诉老板自己希望的薪资并没有什么不对，因为这是一个对工作回报的正当需求。

很多人之所以不敢理直气壮，是因为他们没有拿出能说服对方甚至说服自己的理由。

如果都是实打实的数据和干货，哪儿还用得着提年龄、物价啊，跟那些什么关系都没有！

04

有人一定会说，就算我不提，老板也应该能够看见啊，要不然太不公平了。这就是不理直气壮的另一个体现。

很多人并不愿意主动去呈现，只是希望被别人比如老板发现，或者周围人能仗义执言，告诉老板。

其实只要有过职场经验的人都知道，公平永远都是相对的，有些事你不主动提出来，周围人可能就会装作不知道。而一旦周围人真的没有主动提出来，你心里就会特别不舒服，认为不公平。

而且，为什么要把自己的命运放到别人看见这个被动位置上？

在自己工作这件事情上，你都没有主动，却要求别人主动，别人不主动又有什么错误呢？

所以，我建议 B 直截了当地在邮件中提出自己希望薪酬增加 35%。

就我个人的体会而言，当一个人在职场上不断上升的时候，也是价值越来越明显的时候。当你拿出足够硬气的理由时，老板对你的加薪要求不会讨价还价。

给出你想要的薪酬要求，做出他想要的业绩，这其实是一个最简单直接的办法。

没有哪个老板是傻瓜，当你明确告诉他，你为他赚了 500% 的利润，想涨 50% 薪酬时，他不会不同意。

如果他真不同意，你再走也不迟，相信最后的输家并不是你。

05

第三，你定期进行职场梳理和总结了吗？

这是我觉得最关键的一个问题。

为什么我们在加薪时常常会回避客观事实、强调主观感受？为什么我们总希望别人能主动发现自己的长处和辛苦？

很大程度上是因为我们没有定期对职场进行梳理和总结。

特别是在工作了8—10年后，梳理和总结是必须做的事情。

这时候的我们已经没有工作之初想要自立时的物质需求，但是迟早要面对关于职业的终极追问：

我们究竟要做什么样的工作？

我们究竟怎样才能得到自己想做的工作？

现在这份工作是不是我们想做的？

如果是，我们有没有足够努力？我们所得的报酬有没有跟这份工作对等？

……

对A、B来说是这样，对你我也是这样。

过去的每一个案例、每一份工作，对我们来说都是财富，其中不仅有闪光点，还有教训。

我们不仅需要总结，还需要反省。

我们遇到的每一次挫折，如果不能变成经验，那就相当于白白受挫，而且以后很有可能还会重演这种悲剧。

很多人也许想过这些问题，但做的时候却是另外一个样子。更多的人会像A那样，每天忙忙碌碌，却很少对自己的职业进行梳理和总结，无法拿出实打实的证据，因此让自己的加薪要求落空。

B自己也承认，她对客户一贯穷追猛打，但对自己却很少刨根问底。一旦碰到自己不愿意面对的事情，也会下意识地回避。当她需要面对换工作这样必须直面自我的事情时，立即就有些手足无措。

对自己的职场进行梳理，不仅是对以前的成绩进行总结，也是对自己的问题进行反省，更是对自身价值进行审视。

这种几方结合的梳理工作，每隔一段时间就应该进行一次。这对人的进步非常有用，它会开阔你的视野，让你不再像周围大多数人那样只盯着眼前那一亩三分地，而是不断地向前总结、向后思考。

为什么说它对于加薪这件事很重要呢?

那是因为加薪对我们来说，既是对过去的认可，也是对未来的期许，常常要求我们对过去的自己更了解，对未来的自己更有把握。

工作是人生中最大的一场游戏，重要的是玩游戏的方法，而不是玩游戏的心态。

对年终奖的谎言，要不要竭尽全力反抗？

每年年底娱乐圈的新闻靠“年终奖圈粉”的前夕，我都只想说：烂泥扶墙，小心塌方。

在辛勤劳动赚钱这件事上，没有什么比年终奖更让人牵肠挂肚、一想就激动的了……

等等，该醒醒了！

貌似很少能如你所愿轻松地拿到年终奖吧——至少在我离开体制内单位之后的记忆中，每次关于年终奖的事情都不亚于“宫心计＋辩论赛＋拳击战”的综合体。就算这样，最后也经常被骗，白忙活一年。而喜欢用晒年终奖来标榜自己“爱团队、爱经纪人”的娱乐行业更是如此。

对谎言，应竭尽全力反抗！

01

某年年初，一位年轻女艺人让我帮她介绍一位负责宣传的工作人员。

这位艺人是我在一次活动上认识的，并没有过多接触，所以直到她第二次跟我说这事的时候，我才确认她是认真的。

正好有一个做了两年宣传工作的小朋友离开原来的公司，在找工作，我就顺手给他们牵了个线。

但在这之前我还是提醒了一下那个小朋友，我和对方没有合作过，所以不是太了解。就算合作过，我的经验可能也不适合他。所以，如果他愿意去做这份工作，请一定先谈好包括薪水在内的所有和钱有关的事情。

当时，小朋友使劲点头。

我之所以要这么提醒他，一是钱是工作中最容易出问题的事情，没有之一；二是相对于艺人来说，大部分工作人员并没有什么谈判的筹码。

没过多久，小朋友就告诉我，他决定去艺人团队工作了，企宣岗位，每个月薪水 6000 块——和经纪人、执行经纪不同，企宣岗位不涉及谈项目、接广告这种经纪方面的工作，所以是固定工资，没有说年终奖，只说年底会有红包。

他工作了大概两个月，这个艺人团队的执行经纪因为工作太累辞职了，在一时半会儿找不到新的执行经纪，而相应的工作又不能断档的情况下，艺人临时安排他跟进一个有意向合作的项目。

没想到小朋友很上心也很认真，一来二去真的把这个项目谈了下来。

后来，那个艺人就不那么热心于找新的执行经纪了，开始把更多的工作安排给小朋友。最开始只说是给他“全面锻炼”的机会，到后来就干脆让他把执行经纪的活也“顺道干了”。小朋友顿时忙得不可开交。

不了解艺人经纪行当的人可能不知道，经纪人或者执行经纪的工作是没有固定时间的，你必须做好随时随地跟人谈工作的准备，谈下来之后还要进行各种对接，以及应对对接之后的变化。

一语概之：随时有工作，随时有变化。

相对来说，艺人企宣的工作就有规律得多，除了艺人宣传期之外，大部分工作都是有时间表的。当然，这些都没什么，小朋友真正面临的问题是：

做着执行经纪的工作，却没有谈执行经纪的待遇，包括年终奖。

02

一开始小朋友还觉得自己可能只是临时“客串”，没想到一“客串”就是 3 个月，这时候距离小朋友入职已经快半年了。

有一天，小朋友来找我：“刀哥，你说我这样干两个人的工作，挣一个人的钱，到年底会不会有年终奖？”

我想了想说："你最好直接提出来，跟艺人确认一下。"

小朋友有些犹豫："我直接提出来，艺人会不会不高兴？"

我看了他一眼："可是你不直接说，你会不会不高兴？"

两天后，小朋友在微信上有些沮丧地跟我说："艺人说，我之前一直做企宣，还不敢放心让我做执行经纪……"

我听了一愣："那你以后就可以不做执行经纪，只做企宣了？"

小朋友苦着脸说："也不是，还是让我继续两边都做着，说是积累经验，但并没有说年终奖的事。"

我说："你的意思呢？"

他想了想："算了，我的确刚来不久，以前也没做过执行经纪，坚持做到年底吧，也许做出些成绩，她就知道了。"

就这样，小朋友继续在那个团队里工作——插播几句，那个艺人很年轻的时候就出了名，曾经是挺有名的小花旦，发展势头很好。

在之后的几个月时间里，小朋友成绩斐然，不仅企宣工作没有落下，执行经纪的工作也迅速上道了，签了好几部非常好的戏。

要知道，同时做两个内容完全不一样的工作真不是一件容易的事，企宣主要是策划写稿、与媒体沟通，执行经纪却还要跑组沟通、落实项目，一个在后方，一个在前方。但小朋友真是拼了，据说那几个月都没怎么休过周末，一边能让宣传不断档，一边能保证执行经纪的工作顺利进行，还挺让人佩服的。

就这样到了年底，12 月中旬的时候，他兴冲冲地跟我说："刀哥，今天艺人主动说年底要给我发红包！"然后，他还特别高兴地跟我算了一下账，"这大半年我独立拉回来价值 400 多万的项目。我问过之前的执行经纪，他说年终奖是 5% 的提成。等红包发了，我要请你吃大餐！”

听他这么说，我也很为他高兴。

03

可一直到第二年 1 月上旬，也没有他的消息。直到有一天，他告诉我，春节后准备离职。我有点意外地问他为什么，他说：“你知道吗，艺人真的给我发了个红包，一共 2000 块钱！”

小朋友开始以为艺人是在开玩笑，结果发现对方是认真的，便也很认真地跟艺人说起年终奖的事，然后艺人很淡定地说：“这段时间的确辛苦你了，所以才给你包了红包，但是咱们之前并没有谈过年终奖的事，这样……不是太合适。”

当时，小朋友就像被一盆冷水浇了头一样。

听了小朋友的话后，我觉得又好气又好笑，虽说小朋友是以企宣的身份入职的，但后来在实际工作中已经企宣、经纪两手挑了，就算开始没有说年终奖，到后面补上也不为过啊；就算后面不补年终奖，那也应该按照双岗双薪，在薪水上有所体现。可既不提年终奖，也不加薪，这叫什么事？

我想了想，还是决定给艺人打个电话，旁敲侧击地问一下这事。

结果，艺人仿佛知道我的来意，当我问起小朋友的工作表现时，她立即做摇头叹息状：“唉，真不行！他这个不行，那个不行……”

咦，要真这么不行，你干吗不早开了，还留在身边让他做这做那?

到最后我听明白了，她就把人家当成了廉价劳动力，根本没想给人家发年终奖好吗!

那个春节之后，小朋友就辞职了，去了另外一个团队。

没过多久，这个艺人又联系我，还是和去年一样春风化雨:“刀哥，我们团队又要招人了，您有靠谱的人吗?”

靠谱的人我倒有，但你不靠谱啊，我还会介绍给你?!

可能有朋友会说，在艺人专属团队中干就容易碰上这种事，如果在大公司工作，总不会也把年终奖这么赖掉吧?

哎，那是你不知道我曾经的遭遇。

04

刚刚从媒体转行到私企的时候，我其实还是个比较羞涩的人，特别是在谈钱这方面，总觉得如果把工资、奖金、补贴、年终奖什么的说得一清二楚，好像有点那啥，也怕老板觉得我是为了钱才去那里工作的。所以，最开始的时候，我对这种事的态度都是差不多就得了。

从 2011 年开始，我负责一家公司的业务开拓、团队组建、经营管理等工作，基本上可以说是从无到有做这些事。第一年初创，业务一般，没有年终奖还情有可原。

2012 年就不一样了，各项业务开始有了起色，辛辛苦苦工作，到了年底，尽管赚了不少钱，但负责财务的副总裁却仿佛不知道这事一样，根本不提年终奖这茬儿。

我们可以不在乎，但是团队里的那些小朋友不能不在乎啊。

那时候我的脸真嫩啊，和搭档琢磨了一下，一人凑了 2 万块钱，给团队里的小朋友发了点钱，还不好意思说是自己发的，而是集团给大家的“辛苦费”。

到了 2013 年就更崩溃了，我们觉得这样做不是个事，于是去找大老板。大老板一听，这不合适啊，让我们起草一个年终奖的方案。我们很快做好了方案，主要内容就是将团队每年所得利润的 15% 拿来激励团队。

当时这个方案并没有叫“年终奖计划”，而叫“团队激励计划”。

有了这个计划，大家仿佛看到了明天的太阳，干活可疯狂了，真的是夜以继日，相关业务的总流水和总利润分别从 2012 年的 800 万和 160 万迅速上升到了 2013 年的 1000 多万和 600 万。

如果按照激励计划，整个团队至少能拿到 90 万的激励奖金。

大家可能觉得这笔钱不少，但那是整个团队将近 20 个人的总奖金，平均下来并不多。

等到年底结算奖金，一看结算单我就傻了：激励奖金总金额居然只有 10 万块。我当时不明白为什么，一看才知道，集团财务部门居然把水电费、买电脑的钱，甚至去年集团内部的维修费用都算到了公司运营成本里，用利润抵消了，然后还说：“还没加你们的房租呢，要是加上，你们的利润就是负的！”

啥？敢情还要让我们倒贴钱吗？我气得简直说不出话来，只想骂人。

05

我还记得那次跟财务理论完，拿着那 10 万块钱回去给团队开会的时候，大家那期盼的眼神，当时真的觉得特别对不起大家。

当我把事情经过跟大家如实说了之后，他们都沉默了。

说实话，这种沉默比咒骂和责怪更让人难以接受——我自己也年轻过，也是从这个阶段一步步打拼过来的，辛苦一年，卓有成效，最后却换来这样的结果，换作是谁都接受不了。

这件事之后，团队中陆续有很多人辞职。他们都是我从头带起来的人，照理说怎么都应该挽留的，但是我当时一句挽留的话都说不出来。

再后来，谈钱时我就彻底收起了羞涩与腼腆——如果你连钱都不跟我谈清楚，那还有什么值得继续谈的！

这种态度一直延续到了我后来的工作当中。如果不谈清楚钱，那其他什么都白搭。薪酬里有没有年终奖？如果没有年终奖，那月薪至少要提高 10%；如果有年终奖，以什么样的形式发放？税前还是税后……不说清楚，就别合作！

真到了谈清楚的时候，你才会发现，小公司在年终奖这件事上的确故弄玄虚。如果你像那个小朋友一样有所顾虑，便会经常掉进坑里；而大公司在年终奖这件事上同样有很多问题，如果你像我之前那样羞于谈钱，那必然会被坑。

最搞笑的是，最近这些年娱乐圈不知道发什么疯了，开始流行“年终奖圈粉”这件事儿。作为一名有经验的人，我只能告诉你：

那些用年终奖来彰显自己大方仁爱的艺人，你不仅要看他们现在多么大方，还要看他们以前是否也一样大方。

至少，那个死活不给小朋友发年终奖的女艺人，这两年也学会了这一招，开始用这种方式来宣扬自己特别爱团队。

每到这时，那个小朋友就气得咬牙切齿的。

当你得到一份远超预期的薪水的 offer 时……

为什么拿到一个超过预期的薪水的 offer 时，心里会很忐忑？因为怕露馅。

薪水是工作应得的报酬，没有谁不愿意收到一份满意的薪水，可是——世间一切都怕“可是”二字——如果你收到的是一份跟自己预期的薪水不符的 offer 时，怎么办？

多数情况下，offer 中的薪水数目低于预期时，很多人会选择拒绝。那么问题来了，offer 中的薪水数目远高于预期时，你会不会欣喜地接受？

01

上个星期，一个妹子忽然在微信上问我："我收到了一个超过我预期薪水的 offer，该怎么办？"

我听了为她高兴，说："这不是挺好的吗？"

妹子今年 24 岁，毕业两年，在一家经纪公司工作，算是入行不久的新人，她平常服务的艺人也是入行不久的新人。本来工作得还算不错，但前不久公司突然出现业务上的变动，一直有些动荡，妹子不大适应这种情况，决定换份工作。

前两天，她忽然收到业内一个知名艺人工作室的面试通知，去了之后第二天对方就发给了她一个 offer。

妹子的反应却出乎意料，她说："可对方给的薪水比我预期的高出了不少……"

"钱多还不好，你担心什么？"我问她。

她说："我是觉得真的有点多了，超过了自己的能力……"

我一听，那个薪酬在执行经纪的薪酬中的确是比较高的级别，而这个妹子求的不过是经纪助理的职位。

妹子说："我最担心的是，对方希望我做的事情我做不了，这样还拿那么高的工资……太丢人了。"

按妹子之前的工作情况，她在这行工作时间不长，服务的也是没什么名气的刚出道的艺人。虽然已经有些工作经验了，但除了负责少数项目外，大部分都是执行和流程方面的工作。如果让她做经纪助理可能还好，但是做独当一面的执行经纪，她心里就没底了。

妹子说，那个公司应该是比较缺人，当他们发现妹子以前做过类似的事情后，就毫不犹豫地给她发了 offer，但问题是——

“为什么我会这么没底？”

02

大部分人决定跳槽与否，薪水占了很大因素——我自己也遇到过类似情况。

在我的上一本书《世上有颗后悔药》中，我曾经写过一篇文章《站在重要的十字路口，认真地做了一个错误的选择》，里面讲了我第一次跳槽的经历，有兴趣的朋友可以去看看。

当时，我决定离开工作了 11 年的第一个单位，很大程度上是因为那个新公司给我的薪水——几乎是我第一个单位的薪水的两倍。别说很多年前了，就算是现在，那个数字也依然具有一定的吸引力。

现在想起来，当时我非常愉悦且自以为有把握地接受了那个 offer，一点没有这个熟人妹子的忐忑心情。想来，一是因为自己已经不是初出茅庐了，可以 hold 住那个场面；二是工作到一定阶段，谁不希望自己的身价得以提升呢？但事实是半年以后，我就选择了和这个公司说再见。

很尴尬吧？但真是事实，因为入职一个月后，我就发现自己要做的事情完全不是自己喜欢的。

那么，薪水对于我们来说究竟是什么？

有人说它是生活的来源，也有人说它是劳动应得的报酬，可是如果真要表达得贴切一些，薪水本质上是一种“货币化”的体现，这不仅仅体现在目前从事的劳动上，还体现在——

（1）它是过去学识的货币化；

（2）它是工作业绩的货币化；

（3）它是未来契合度的货币化。

每个人人生中的第一份工作，因为全无经验，而这时候谈潜力尚早，所以雇主通常只能从学历、专业职能上做简单的衡量，这样一来，薪酬都不会太高。

但是工作了 3 年后，这种情况就会发生变化。

03

如果说第一份工作的薪水中，80% 来自对学历、专业的衡量，那么工作 3 年后，你薪水中的这一部分的比例就会大幅下降，可能会降到 30% 以下，而至少有一半的衡量因素会落在第二点上，也就是你前一份工作的业绩上。

随着工作年限的增加、工作经验的积累，这个比例还会不断提高，差不多到了 30 岁，工作业绩会成为影响你薪水的大部分因素。

但是这个因素此后还会发生变化，当你工作 10 多年以后，也就是到了 35 岁，影响你薪水的第三个因素——所谓的“契合度”——开始不断上升，而第一个因素则成了考量最少的部分。这个契合度包括兴趣、爱好、未来潜力等。

在度过职场的最初阶段，不再简单地以挣钱养活自己为目的而忙碌时，人会越来越多地考虑这个问题：我身上哪些地方，值得别人付高薪请我？

答案有些时候甚至在你的自我感觉之外。

也只有到了第三个阶段，你才会发现，从最初几年难以想象的转行、跨专业到目前这个时候，这个转变不再是一种奢望——因为你的业绩足够好的话，经验和预判能力会支撑着你不断前行。

我就是这样一个例子。

我35岁开始转行，接连从事的都是毫无经验的新领域的工作，却一步一步走到了今天。回头看看，学习让我有了前期积累；后来的工作业绩让我获得了信心和力量；而学习、业绩和经验促使我在工作中形成了预判能力，包括风险意识、避险措施以及执行策略，这些都会帮助我在未来契合度方面获得高分。

同样的情况如果发生在20多岁，几乎不可能被人所接受。那么，最关键的在哪里？就在于经验。

所以，超出预期的薪水常常是为这部分经验和潜力所支付的。

04

回到妹子的offer上。

刚刚说的薪水货币化，其实还是站在求职者的角度讲的。

因为妹子的工作内容相对比较简单、基础，她并没有觉得自己有很丰富的工作经验，所以她在换工作的时候依然按照自己原来的工作提报了预期薪水。也正因为这样，当一份超过预期薪水的 offer 摆在她面前时，她就会显得底气不足。

那么，我们换个角度来考虑这个问题：这份薪水的确是给求职者的，但是谁付呢？是雇主。

雇主的确会考虑求职者的情况，但是对于一个出钱的人来说，他首先会考虑的是这份工作的责任和要求：

（1）他需要什么样的人做什么样的工作；

（2）这个工作需要面对什么样的压力；

（3）这个压力应该达到什么样的效果；

（4）这个效果需要用什么样的标准去衡量。

看吧，以上几点都跟工作本身有关，而跟你这个人没什么关系。

这就是老板思维。实际上，在一个简单的招聘当中，老板思维其实不会包括以下问题：

（1）这个人能不能干这个活；

（2）这个人能不能面对这个压力；

（3）这个人能不能达到这个要求；

（4）这个人能不能达到衡量标准。

这四点是员工思维，恰恰不在老板考虑的范围之内。

说得简单一点，老板思维是因岗用人，员工思维是因人设岗，两者肯定是不一样的。

所以，只需要站在雇佣你的人的角度多考虑自己如何把这份工作做好就可以了。

05

这事当然不排除有运气成分。假如这个妹子找的是月薪 5000 块的工作，结果阴差阳错地向一个月薪 8000 块的职位投了简历，然后面试通过了，对方给她发了 offer，那应该怎么办?

面对这种情况，我个人认为最简单也最合适的处理方式就是：接受这个 offer。

不管这件事在不在运气范围之内，也不管对方是否真的期望很高，对方的评价都明显高于妹子对自己职业水准的评价——可能别人看到了妹子的确经验、能力不足的现实，也可能是别人看到了妹子自身没有发现的潜力。

几年前，我曾经接到一个体育公司的 offer——坦白讲，尽管我是个体育迷，但从来没有想过自己有一天会去体育公司工作。

那个 offer 里的工作内容，绝大部分我都没有做过，说实话当时心里特别没底，但是想来想去还是接受了，因为觉得这确实是一个尝试的机会和全新的挑战。

事实上，我度过了差不多两个月的过渡期，经历了从无到有地学策划、运营一个复杂赛事的过程，虽然跟之前的工作并不一样，但还是有相通的地方。

那段时间压力大到难以想象，出差、熬夜都是家常便饭，但是后来项目成功了，又觉得特别满足。

现在想想，如果是20多岁的时候，接到这样一个超过自己预期薪水的offer，我多半也会忐忑吧。但实际上，只有迎着困难而上，你才会发现自己究竟是金刚钻还是烂草包。

这对于年轻人来说是个机会。人对自己的认知常常来自习惯，一旦打破常规，可能就会有质的飞跃。

就算的确做不来，也会知道自己的问题在哪儿。其实，决定你水平的并不是你的长处，而是你的短板。

最后一个问题——

也许你会问，如果入职之后发现的确做不了，会不会让老板失望？

刚刚我已经说了，薪水当中有一部分本身就代表着老板对你的期望，也代表着你的未来潜力。

如果你做不到，是你的问题，并不是老板的责任。如果是你的问题，被辞退的时候乖乖走人就是，不用哭天抹泪，替老板担心。

但人要不压迫自己一下，怎么知道自己的潜力有多大？如果压迫自己还是没有用，那只能证明自己水平不够，那就继续学习，把那块短板补上来。

比钱还值钱的是……
能用钱解决问题

如果只纠结钱的数目而不是钱的功能，就像找对象只注重好看而不在乎对方的内在想法一样。

如果问人这一辈子在这个世界上最想拥有的是什么，我想“钱”一定是答案之一。

爱钱的人很多，但是知道为什么爱钱的人却不那么多。如果问这世界上比钱还值钱的东西是什么，不一定每个人都能说出答案。

那就说说这件让我印象深刻的事吧，看看我的答案是什么。

01

那天，我们居住的小区突然停电了——这种情况在北京二环里的这个商品房小区里并不多见，这里的开发商很有名，物业管理水平一向还不错，但是很不幸，真的停电了！

以前停电多半是设备检修，但是这次却明显不一样，停电之后再度来电，但是不到 10 分钟再度停电，来来回回重复了三次之后，电彻底停了。

打电话给物业，物业说他们也不知道是什么情况，现在正在一家一家排查。

开始我并没有把这件事情放在心上，觉得多半是谁家用的电器功率比较大导致跳闸，没想到一直到下午 6 点多，天已经快黑了，电还没有来。

再给物业打电话，却得到一个听上去匪夷所思的答案——

应该是您家的入户电线出了问题，需要更换入户线，否则无法恢复供电。

这让我非常诧异，这么多年还是第一次遇上入户线出问题的情况。

诧异的不止我一人——物业排查后确认，这个单元共有 30 多户人家，其中包括我家在内的 6 户人家的入户线都存在问题，必须更换。

很快天已经黑了，因为没有电，饭也做不了，冰箱里放满了东西，担心会坏掉。另外，孩子要做功课，还要准备第二天上学的事情……

各种麻烦让这几家人都挤在物业公司，要求物业尽快想办法解决问题。

开始有人不相信入户线出了问题，物业只好把这 6 家人的电路全断了，再一家家合上——果然，只要 6 家中任何 1 家合上电闸，整个单元的电就会全部跳闸，而如果这 6 家人不用电，电就是正常的。

我问物业：“要怎么维修？”

经过仔细检查后，物业告诉我们：“最稳妥的办法是重新走线，也就是需要再牵两根新的入户线，把之前的供电线路全部置换掉。”

但是一个意想不到的情况出现了——物业告诉我们，更换入户线的材料费和维修费需要业主自己来负担。

物业这话一出，这几家人都炸开了：“供电的入户线出了问题，为什么需要业主负担维修费用？”

物业摊了摊手：“不仅如此，连电线都得业主自己去买。”

“啥啥啥！连电线都得业主自己买？！你们就是光收物业费不干活！”一个 50 多岁的大姐啪地拍了下桌子，声音提高了八度，怒目圆睁。

物业公司的工作人员都是二三十岁的年轻人，被大姐这声势浩大的一拍吓得一哆嗦：

“不不不，不是这样的……现在物业管理办法规定电表和入户电缆都属于业主私有财产，所有权和维护权都归业主，况且现在房子已经过了维修期了……”

大姐并不领情，依然喋喋不休地责怪物业不干活儿、不管事儿。其他几个邻居看见大姐开吵了，也都在旁边帮腔。她们都是大妈大娘大姐，只有我一个人是男的——因为母亲回成都给父亲扫墓去了，这段时间都是我一个人在带多多。不然，估计冲上去的该是我那暴脾气的妈了。

看他们吵得热闹，我给之前装修房子的监工经理打了个电话询问了一下。他说根据现在物业管理办法，每一段的责任都是按点划分的，比如供电局负责从电厂到小区的点，而物业负责的是小区电箱到每家每户电表的点，从电表到户内电缆都算业主的点，则由业主进行维修和保养。

原来是这样！

02

我把从电话里了解到的情况跟几个邻居说了，大多数人听后就不说话了，但是那个大姐却依旧坚持：

“归我管？那我交的物业费是干什么用的！”

想到孩子第二天还要上学，总不能这样一直没电，我就先让物业到我家去看应该如何维修，需要买哪些东西。

这一看不要紧，维修人员发现我家的入户线埋藏得比较深，装修的时候也没考虑到会出现这种情况，如要全部更换走明线，可能会毁坏部分墙体。

物业的人征求我的意见，我想了想就同意了，这总比家里没电好。

我拿着维修人员写的物料清单，扭头就去了附近的建材市场。去了之后却发现没有那么合适的物料，只能等到第二天一早到更大的建材城去买。

这意味着我要带着孩子黑灯瞎火地度过一晚上，想到这里，我真的有点着急了。

正在着急的时候，一直跟着我四处买东西的多多小朋友突然说："爸爸，既然明天就能修好，那你不如笑一下。"

孩子的话最无意但也最本真，瞬间我就冷静下来了。可不是吗，急也没用，那还急啥？

后来想想，"要等到明天才能修好"和"既然明天就能修好"虽然表达的是同样的意思，却有着完全不同的心境和语气。

更何况，孩子一直在旁边看着我，这其实是教孩子如何去解决问题的很好方式。

03

再回到物业，已经快晚上 8 点钟了，那几个邻居居然还在那里，物业的几个工作人员也不敢下班，但都面露疲惫之色。

见我空手而回，邻居问怎么样了，我说只有明天办了。邻居一听，语调又提高了："看吧，让我们自己去解决，我们自己怎么解决得了啊？你们这物业，就是光收钱不干活儿……"

我没管她们，预约好第二天的维修时间，便带着孩子离开了。走在路上，多多问我："爸爸，她们为什么还在那里吵？"

我说："因为她们家的电也停了，但她们希望由物业出钱去修。"

多多想了想问："那你为啥不吵啊？"

我跟多多说：

“这钱的确应该由我们自己来出，所以没有必要因为这个问题吵。另外，这是我们自己的家啊，家里出了问题之后受影响的是我们，所以最重要的是解决问题，而不是吵架。”

当天晚上，我们几户人家都是在一片黑暗中度过的。

我和多多在应急灯下早早地洗漱完，钻到被窝里讲故事，他编一段我编一段，嘻嘻哈哈的。快睡着时，孩子忽然问：“爸爸，明天电能修好吗？”

我说：“一定可以的，你相信我吧。”

04

那天晚上我发现业主群里也在说这事儿，有人在群里抱怨物业不负责，撺掇大家不交物业费。我一看 ID，就是停电的业主之一。

绝大多数业主都不知道入户线如果出了问题需要业主自己维修这一条规定，当然这也跟入户线很少出问题有关。所以，大家听了停电背后的故事非常诧异，群情激昂。

我看到微信群里聊得热火朝天，不知道该说什么好。

第二天一早，我送完孩子就去建材城买东西。本来想约着几个邻居一起去，因为一个人用不了那么多线材，可是我在微信上问他们，他们都没什么反应。

等到了建材城，忽然接到一个邻居的电话，她第一句话就说：“你怎么一个人就去了？”

我也没反应过来，问：“怎么了？”

她说：“现在没有闹清楚修这个的责任在谁哪儿，你为什么就去买了？你这样，要是最后物业同意维修了，也没有你的份儿了，多不划算。”

我说：“总不能让家里黑着，还有，孩子还得上学、做作业。”

邻居说：“我们家孩子夜里也要做作业，但是我觉得这个事比一次两次做作业更重要，这是责任问题！”

这……

我实在懒得说下去了，搪塞两句，挂了电话。

等我买好东西回到家时，物业的师傅已经等在那里，他们三个人立即开始钻孔打眼维修。

那几家邻居居然还在跟物业争执不休，物业值班经理不断地给他们解释，却根本解释不清楚，急得满头大汗。

05

见我已经开始维修了，昨天那位邻居大姐凑上来问：“你不说清楚就去修啊？”

我说：“是啊，要不然呢？”

她说：“你不说清楚，以后出问题怎么办？”

我说：“以后出问题以后再说，我现在要解决没电的问题。”

大姐又说：“那这些东西都是你买的吗？”

我说：“是啊。”

大姐问清楚那堆材料多少钱之后撇了撇嘴，说了句“还是年轻人有钱”，扭脸就对物业的人说：“你看看光线材就要花500多块钱呢，还有维修费，1000多块呢，这钱是天上掉下来的吗？我们的物业费那么贵，你们什么都不干，就知道收钱！”

一通机关枪，把物业经理又闹得一头大汗。

听她这么说，正在我家维修的工人忍不住乐了。我正纳闷他乐啥呢，工人告诉我，刚才那个大姐根本就没有交物业费，已经好几年了。

我特别诧异：“像这样的商品房小区还能不交物业费？”

他说：“对啊！她就是不交，你能有什么办法。”

这……

真要维修了，才发现这个活特别复杂——不仅需要从总电表到我家凿出一个槽，重新牵出两条电线，还需要在我家电箱背后的水泥墙上钻一个孔，然后把电线从槽里走到这个孔里重新接上，同时尽量不伤到内墙结构和外墙的美观。

整个维修工作持续了差不多6个小时，三个工人围着这条线路不停地忙碌着。

在这6个小时当中，那几家邻居还在不依不饶地跟物业扯皮，掰扯的焦点一直是维修费究竟应该由谁出这个问题。

物业经理虽然早已经头大了，但他还是没松口：按照相关规定，都得业主自己花钱，他也没有办法。

06

就这样从上午一直修到下午，终于在2点多钟的时候，我家的电闸重新合上，停电差不多24小时后，屋里顿时恢复了明亮。

材料费加维修费，一共花了不到1000块钱。

见我这边已经修好了，之前在物业一直争吵的几个邻居面面相觑。那个大姐专门跑来看："修好了？"

我说："是啊。"

忽然有一个人说："那算了，我们也自己修吧。"

她这么一说，其他几个人也都说那就自己修吧，连那个大姐最后也同意自己修了。

这一幕真是让人想不到——已经为这个问题争执了一天的几个邻居，最后居然都同意自己花钱修线路了！

这时候轮到维修工人着急了："我们只有三个人，你们这边之前也不说好，现在突然有这么多家要修，只能一个一个地来，有些要等到明天了。"

他这么一说，原本已经决定自己修的邻居们又炸毛了，冲在前面的又是那个大姐："凭什么要等到明天啊！为什么不能马上修！你们为什么只有三个人！我们现在都同意自己修了，你们为什么不能马上修！"

……

我把所有费用结完就走了。回去的路上，我在想一个问题：他们为什么宁可吵一天，也不想把这个问题解决了？

可能对有些人来说，时间真的太不值钱了吧。为一个维修费应该由谁出的问题，争吵了整整24小时，而这一天时间足以把问题解决了。

除了时间之外，停电带来的诸多不便也是钱无法衡量的：

这一天断电，电脑用不了，网络用不了，孩子作业也做不了，干什么都觉得特别不方便，整个人就像回到原始社会一样。那还吵什么？还不赶紧解决问题！

07

放学接多多的时候，他见到我的第一个问题就是：“爸爸，家里的电修好了吗？”

呦，居然还惦记着这事呢。

我说已经好了。他立即给了我一个拥抱：“爸爸太棒了，我们解决了这个问题。”

说起来这是在北京二环里的一个小区，周围有几所著名的中小学，这里的学区房早已经涨到了每平方米15万块，稍微大一点的房子总价就上千万。

住在这种条件的房子里，却为了省这1000块钱的维修费，宁可家里停一两天电……这样的想法我真不能理解。

最关键的是，到头来还是得自己出钱花时间维修。

在生活中，我们当然应该讲原则，但原则针对的永远只是原则问题，而不是鸡毛蒜皮的事——停电就绝对不是这样的原则问题。

在一些不应该纠结的问题上纠结，在一些不应该浪费时间的问题

上浪费时间，是为了什么？难道就是为了占点便宜？事实上，你也没占到便宜。

所以说，这个世界上比钱更珍贵的就是：用钱解决问题。

当然，在这个过程中会有很多东西难以理解，就像我开始也觉得入户电线需要业主来维修这个规定很奇怪一样。但相比生活便利而言，这并不重要，所以我们弄清楚后就应该立即解决问题。

如果总是困在钱由谁出这个问题上，那你的生活就像困在一个原点一样，你永远无法朝着下一个目标前进。

实际上，那些邻居最终的解决途径还是和我一样，而我已经解决了。

第三章

无论人还是生活，都不应该被钱束缚

- CHAPTER THREE -

文创基金找上门——记一场神奇的被投资经历

如果你正在做喜欢做的事，突然有人说要来投资你，你会高兴吗？

这样的事，放在几年前，我可能还会为之兴奋雀跃，但是现在，对经历了人生波折和无常变化的我来说，这些早就没有吸引力了。

这个事情终于可以写了，因为它实在太过神奇，更何况后面还有神奇的新进展——让我意想不到的进展。

01

事情要从 2016 年 7 月底我开始在新浪微博上发表付费阅读文章说起。当时新浪微博上排在订阅收入前列的，不是财经、股票类文章，就是保健、彩票类文章，像我这种主题松散、写得随心所欲、对读者也没有什么行业限制的文章并不多。

写了一个月，到 8 月底，收入突破了 10 万块。

这个数字在实体经济行业算不了什么，但是对刚刚试水纯社交媒体内容生产领域的我来说，还是挺意外的——所以，当时微博官方账号转发了这篇文章。

官方账号转发的目的无非是吸引更多的作者加入内容生产行列，对付费阅读进行更多的尝试。当然，这也成了另一个故事的开头——

2016 年 10 月底，我的付费阅读已经进行了 3 个月了，订阅人数在不断增加，收入也在不断上涨。于是，我开始运作自己的付费读者俱乐部，在随后几个月的时间里，有了上千人的规模。就在这时，我接到了一个电话。

电话那头是个陌生男人的声音，说想约我见见面。再一问，原来是一个文创基金的投资人，他说："我们正在寻找一些优秀的有潜力的项目进行投资，而您的项目我们特别感兴趣。"

"我看到新浪微博官方对您的付费阅读文章进行推荐了，觉得特别有代表性，想问问您有没有对这一块业务进行资本运作的打算。"

我想都没想就拒绝了。

他显然有些意外，以为我没看上他们，连忙说了一大堆：他们的基金实力如何雄厚，投了多少好项目——这些项目我真没听说过，但不管听没听说过，在我心里，写字只是一件我喜欢做的事，好玩而且有趣，我实在没工夫考虑其他。

付费订阅虽然打开了一个内容变现的渠道，但单纯挣钱这件事并不是我的首要追求。

当然，拒绝的另外一个因素是我对现在流行的投资、入股等事宜的靠谱程度始终存疑——在过去很多年里，我曾经在一家一直准备上市的影视公司工作，在工作的那几年中，至少有大半时间在跟“上市”“投资”这些流行的词汇打交道。

后来因为风云突变，那家一度是行业后起之秀的公司上市失败，并且在一连串变故之后近乎销声匿迹。经过那段时间，我了解到了中间的深浅，也知道了其中的虚实。说实话，这些和我想要的、想做的相去甚远。

再说了，我一单纯写字的，要资本入股来干吗？

所以，第一次联系就这么不咸不淡地中断了。

02

我以为这事儿就这么过去了，没想到一周以后这个人居然再次联系我。他不知怎的，这次居然还找了一个我认识的朋友作为中间人。

朋友跟我说：

“人家也是看好你，再说你现在做的这些事情，不也都是别人没有做过的吗？试错成本相对比较高，如果有外部资金的介入，对你来说能够降低成本风险压力，何乐而不为呢？”

这位朋友和我久未见面，并不知道我最近在做什么，有什么样的考虑。我没有多说，但是好歹要给这个朋友几分面子，于是同意了和那人见面。

第一次见面是在东三环边上一个五星级酒店的大堂咖啡厅里。

自从不上电视节目，也不在公司坐班后，我的衣着就比较随意，经常穿着运动服就去跟人见面了。这天我也不例外，看上去就像一个在路边随意溜达的中年人。

对方 30 多岁，西装革履，意气风发，倒是和五星级酒店咖啡厅的氛围非常匹配。

我们互相打量了一番，然后开始聊事情。他说："知道您的付费阅读做得很好，我们正在找比较有潜力的优质内容项目进行投资，所以约您来聊一下。"

我说："我的付费阅读纯粹就是写着玩儿的，谈不上好不好，但很感谢你的认可。"

那人拿出了一个 iPad，里面有一个 PPT，讲了其他几个知识付费项目，说了一堆……都是其他平台上的项目。

我说："这些项目是你们投的吗？"

他说："不是，但我们希望把您的项目也包装成这样的'拳头项目'，这些项目专业性比较强，但我们希望有一些适配性更广、专业性没有那么强的项目进入市场，而您显然是特别合适的对象。"

他兴奋地说了半天，我的兴趣却没有高涨。

他说："您是有什么不同意见吗？"

我说："我没有什么不同意见，确切地说，我对这事没什么意见。"

他哑然失笑："像您这样的我还是头一次见。现在做点事情多难啊，能够用别人的钱做点事情，那更是难上加难了。别人一听到我们有投资意向，都特别主动，也会立即跟我们联系……”

我能理解他的这种感觉，但在影视行业工作的那几年正赶上所谓的风口，我所负责的部门又经常要面对各种各样的投资者和项目合作方，所以这种情况我已经见了很多了，并不奇怪。

我随便找了个话题问他：“你们的基金股东是做什么的？有文创背景吗？为什么要选择做文创项目的投资？”

听到这个问题，他又开始口若悬河，同时打开另一个PPT，介绍一些脍炙人口的项目和听上去很厉害的一些股东的背景。

我忍不住问：“这些项目是你们做的，还是你参与过？”

他有些尴尬地摇摇头，说这些只是尝试性的项目，而这个文创基金刚刚开始运作，未来他们可能打通文学、影视、艺术等多个领域。

我没怎么说话，仿佛回到了几年前我用类似的方式忽悠别人的时候。

03

不管他说的是真的假的，但是在我看来这些项目和他所谓的股东原有业务之间没有任何关系。这就好比一个人本来在做厨师，手里有了一些钱之后，去投了一个芭蕾舞蹈团一样，彼此之间没有任何业务关联，风马牛不相及。

他说得越兴奋，我听着就越无感。

后来，他说：“其实因为您这个内容项目刚刚开始，我们才比较有兴趣，如果已经发展得很成熟了，比如说罗辑思维，我们还不愿意投呢。”

哈哈，这话说的，罗辑思维还用人投吗？

我直截了当地说出了心里的感觉：“这样的投资，如果对彼此没有任何的业务共振效应，只是一个单纯的财务投资，对于创新型项目来讲其实没有太大用处。问题是，我也不缺钱啊。”

他完全没想到我会这么说，看了我一眼之后问：“您以前接触过投资吗？”

我笑了笑，说：“没有，我就是一个写字的人。”

那人听了之后，有些不服气地说：“我们做这个是有过考虑的。”于是他拿出了另一个PPT，就经营模式、联动模式以及发展方向讲了很多，最后问我，“您不觉得您这么写着很累吗？如果有了这样的投资，能够让您如虎添翼，能够让您将更多的时间用在内容创作上，获得更好的收益，这不是一件好事吗？”

我看着他说：“写作对我来说就是好玩的事儿，我并不觉得累。”

又是一阵沉默，大家都不知道该怎么把话接下去了。

最后，我忽然问他：“你是不是从来没看过我写的付费阅读文章？”他老老实实地摇摇头。

这下我就明白了，有些人把内容生产当成工作，而有些人却把它当成乐趣。当成工作自然会累，当成乐趣就会快乐无穷。

见面进行到这里就结束了。虽然他说得很美，但中间有很多地方匹配不上。

那次见完面之后，我真心觉得：

可以自由自在地做自己喜欢的事，其实已经是这个世界能够给予

我的最好的投资了。

本来我以为那次见面之后不会再有下文了，没想到一个月后我又接到了那位老兄的电话。

这一次他跟我说："我这一个月专门订阅了您的付费文章，仔细看完了您所有的文章，我还是想跟您聊一下。"

听他这么一说，我倒有些不好意思了，于是又答应了见面。

04

这一次见面改在了一个连锁咖啡厅，我经常能够碰到影视行业的人在里面谈论巨额融资。

因为有了上次的交道，这一次我们就说得更直接了。他直截了当地问："您做这件事的成本是多少？"

我问他："什么成本？"

他说："您这边负责付费阅读的人员工资啊。"

我说："只有工作室的两个助理，另外一个就是我。"

他说："只有两个助理啊，那您的投入、产出比还挺高的，性价比非常高。"我心想，但在这件事中我才是最大的成本啊，这倒好，直接把我给忽略了。

他说："那你们现在有多少订阅读者？"

我告诉了他大概的总订阅人数和包年用户后，他很意外，因为他没有想到光是阅读就能吸引这么多的固定用户，而且还能持续付费。

意外之后便是兴奋，他说："刀哥，您真的没有兴趣把它给扩大吗？我们真的是很有诚意的。"

我问他怎么扩大，他说："首先，我认为您这个团队的人数太少了，您至少应该有 10 个人，有人找选题，有人做助理，有人做初稿，同时写的人也不应该只有您一个，应该有更多的人。"

接着，他眼睛发亮地说："您想，您一个人就能靠写文章赚这么多钱，如果您手里有 10 个像您这样的人，那么这个利润率会多高？"

"不，不用 10 个，3 个就行，这规模效应得多可观？而我们最擅长做这样的事情，一个人做起来可能很辛苦，但是有了我们的加盟，做这个事情就非常容易了。"

然后，他还给我算了一下，如果投资以后用这笔钱去请 3 个主笔一起写，我们 4 个人可以生产多少内容，可以再吸引多少固定读者，可以再增加多少年度用户，那么净收益可以从现在的 100 多万变成五六百万……

他兴奋地说："您知道五六百万收入意味着什么吗？"

我摇摇头。

"五六百万收入，结合您的成本、利润率以及成长空间，您这个项目估值能够达到 3000 万。您知道 3000 万的估值意味着什么吗？"

我继续摇头。

"这就相当于刚进行 A 轮融资的中小型企业了。有了 A 轮，B 轮、C 轮都不会太远，以后您就可以上市了，而且是一个专门生产内容的上市公司，多棒啊！"

其间，他抛出一堆"市盈率""市净率""利润率""成长率"等专业名词，听得我浑身火热。然后，我问："那你准备投多少钱？"

空气凝固了一下，他看了我一眼说："当然，刚刚跟您说的前景都是以后的事，现在您的项目估值没有那么高，差不多 500 万，我们愿意投 100 万，占 20% 的股份。"

咦？怎么瞬间就从 3000 万变成了 500 万？

05

见我有些发愣，他说："我们可是要拿出 100 万真金白银来投你的，比如我们可以给你安排一些资源，还有一些活动，等等。你如果有名了，不就能挣来更多的钱了吗？"

我一听，哎，还真跟几年前我忽悠别人的时候一样。

"不过相应地，我希望您写的文章要更有方向性、更有目的性，因为您以前只是单纯地写字，但有了投资方以后就不行了，我们要让更多的人掏钱订阅，才能实现更高的收益率。"

听他这么说，我试探着问他："你这个意思是说以后写什么，你们也要参与、也要管吗？"

他说："是啊，既然我们投了，那对文章内容肯定应该有一些意见。"

然后，他就我目前的文章的方向、风格、特点讲了一通，希望在我的付费阅读文章里能看到品牌。

他一说品牌，我耳朵一竖："这是什么意思？"

他说："对啊，你现在这个盈利的方式太单一，只靠收费，而内容是最好进行植入的，如果我们进行了植入，为什么不可以收些钱呢？这也可以增加你的盈利。”

听着好像也有道理，但是想想又觉得不妥，那些读者从一开始就跟着我，他们已经接受了我的表达方式和文字风格。如果我找别人来写，或者中间植入一些广告，那人家会接受得了吗？

他淡淡一笑：“接不接受得了，那是需要您去引导的。如果没引导，您怎么知道他们接受不了呢？”

不，我太了解我的读者了，他们肯定接受不了！

但他觉得自己那番话已经打动了我，说：“您有什么看法？”

我摇摇头说：“不行，让我写东西可以，让我做命题作文不行。我写东西本来就是随性所至，如果按照你这么说，要受这样那样的限制，还不如不写。”

他看我一眼，有些不理解：“限制怎么了？还有很多收益呢！您可以请好多人帮自己写啊。”

我说：“可是我的读者只认我的名字啊。”

他哈哈一笑：“如果您请了几个人来写，用您的名字发，谁又知道呢。”

这话听得我目瞪口呆。

他热切地看着我：“怎么样？这个发展蓝图对您来说很震惊吧？”

我看着他，忍不住笑了：“是挺好的，但真的不适合我，我就是想随便写东西，要是哪天不想写了，直接退钱给大家走人就是。可要是你们真成了我的投资方，写什么、写不写还由不得我做主了，那怎么可以？”

他说：“但是规模不一样呀，前景不一样啊，未来的成长空间不一样啊。”他说的时候，我心想：我都这把年纪了，还要成长成什么样啊？

那次见面之后，他几乎每个星期都会跟我说很多话，让我再去聊聊什么的，特别热情，有时真让人难以招架。

但是突然有一天，他就不联系我了。

06

不联系就不联系吧，本来我也没太大兴趣，难得清静。

2017年，我出版了一本新书。这是我的付费阅读文章结集而成的第一部作品。推广宣传期间，有一天，我正在跟出版社的人开会，忽然又接到了这位投资人的电话。

他说：“我看到您的书了，没想到您这么快就出了一本书！”

这次我以为他又要说投资的事呢，于是特主动地说：“是啊，我也就能写写书，投资什么的真不在行。”

没想到那边有些不好意思地说：“实在不好意思，我想跟您讲的就是，我已经离开那个文创基金了。”

这下轮到我吃惊了：“为什么？那个基金不是资源很好、背景很深、实力很强吗？”

他打着哈哈说：“就那样吧，去年的确投了好几个项目，但是光花钱，也没什么好的产出。文创项目普遍需要比较长的投资周期，一时半会儿见不到收益，老板后来就决定收缩战线，不投了。”他接着说，

“我春节后就离开了那家公司，现在在另外一家公司工作……哎，您要不要了解一下我现在的公司，也特别有实力。”

我听了差点笑起来，觉得好魔幻啊。

那个当初一直追着喊着说要投资我的人已经不干这个了，而我现在还在写……这中间的变化太大，以至于我一想起这事儿就忍不住想笑。

我打着哈哈拒绝了他。

说实话，写字就是写字，对我来说，它真的就是一个兴趣爱好，让我把它变成一个由资本左右的工作，是很难让人接受的。

另外，现在很多人创业纯粹是为了获得投资，跟做事儿本身没关系；而很多投资也纯粹是以“资本故事”为诱饵，其实对做事本身同样没有帮助。

这样的事，放在几年前，我可能还会为之兴奋雀跃，但是现在，对经历了人生波折和无常变化的我来说，这些早就没有吸引力了。

不过，放下电话，我有一丝怅然：原来我有机会成为估值3000万、未来会上市的公司的核心人物，现在却又成了那个老老实实写字的普通人了。

唉，这就是人生！

如果你不知道自己喜欢什么，那就去多赚点钱吧

很多人之所以可以说出“我不知道自己喜欢什么”这种话，常常是因为有人为他们提供了可以说出这种话的条件，但他们却对这些条件视而不见。

生活有个特别玄妙的地方——同样一件事，同样的条件，换了不一样的人去做，常常就会有不同的结果。而不一样的事，不一样的条件，同一个人去做，结果却完全一样。

经常有人向我提起对职业和工作的困惑，对自己现在的工作不满意，我的第一个建议始终是“做自己喜欢的事”，因为那样能激发你全部的激情、能力和毅力。

也有年轻人会苦着脸说：“我并不知道自己喜欢什么，怎么办？”

我朋友的孩子小米就遇上了这样的情况。

01

春节前，我朋友忽然给我打了个电话：“兄弟，我闺女有个事想请你帮忙，听听你的意见。”

他是我以前在媒体工作时认识的前辈，比我年长10多岁，特别热心、诚恳，我刚入职场的时候他帮了我很多。小米是他的独生女，今年23岁，大学毕业1年多了。

就在最近这1年多时间里，我觉得他念叨起女儿的频率明显高于往常。开始我还总笑话他，说他是“关心过度”，而他总是一脸苦笑。

他在电话里说：“我家小米又想换工作了，我劝她也不听。她刚毕业1年多，就已经跳过3次槽了。我觉得这样对她很不好，但是她听不进去。”

后来我们约着吃了一次饭，小米也来了，看上去年轻又活泼，举止也得体大方，唯独说起工作的时候，脸上开始有了不悦。

她说：“我一直以为自己大学毕业后工作应该是很稳妥的，没想到会变成这样。”

小米说，在短短的1年多时间里，她已经跳过3次槽了。前两个都是3个月试用期结束后她自己选择了离开，第三个也不过工作了6个月。

“做这几份工作，一开始我都挺开心的，也挺用功的，但也不知道为什么，时间一长我就会觉得很没意思。”小米接着说，“这种没意思的感觉让我很迷茫，生怕自己的这种状态一直延续下去，后来就干脆辞职了。”

说完，她很认真地问我："刀叔，我应该怎么办？"

我问她："如果你不知道该做什么，那就去找一份你喜欢的工作去做。"

小米皱了一下眉："可是……我好像并不知道自己喜欢什么。"

我想了想说："当你不知道自己喜欢做什么的时候，那就争取多赚点钱，这总不会错的。"

听了我的话，小米不以为然："那不成了为钱而工作，不是更没意思了？"

我对小米说："你不会觉得你真的已经财务独立了吧？"

这话让她当时就愣了。

02

照理说，现在的生活如此丰富多彩，年轻人没有喜欢做的事这种情况几乎是不大可能存在的，但是这样的情况就发生在了小米身上。

那天，小米真的花了好半天时间也没想出自己特别喜欢做的事。可如果你因此觉得小米是那种沉闷又无趣的女生，那你就错了——小米从小开朗活泼，学音乐、学舞蹈，喜欢看书、旅游、交朋友……这一切让她看上去跟其他同龄人没什么区别。

"但那些事情只是我的兴趣，想做随时就可以做，而且似乎轻轻松松就能做到。"小米接着说："那些事只是生活的调剂品，除此之外，我真的想不出来我的生活中还有什么事是我特别想做、特别喜欢做的，可以作为职业的延伸。”

为什么别的孩子是有喜欢的事而做不了，小米却不知道自己喜欢什么？这种情况在城市里，特别是条件比较好的中产家庭中更多见。

小米家里条件不错，在北京长大，因为是独女，家里从来不会亏待她。更难得的是，父母对她也比较尊重，从来不是那种严格意义上的“虎爸虎妈”。

拿课外兴趣班来说吧，学音乐是小米自己提出来的，学舞蹈是小米看到同学在学回家后提出来的，她父母知道后毫不犹豫地表示支持。

“只要是我自己想做的事，我爸妈似乎从来都会支持。”小米说，“所以我从来没有遇到过那种特别想做而做不了的事，也就谈不上喜欢或者不喜欢。”

就算到了后来考大学这么重要的阶段，父母也充分尊重了小米的意见，同意她填报了一所离家不过半小时地铁路程的院校——其实他们是希望小米能考到外地去，出去见见世面，同时也锻炼一下自己。

就这样，小米一路顺风顺水地大学毕业了，但谁也没有想到她进入职场后会觉得这么别扭，就像她说的，“好像有劲不知道往哪儿使”。

根据小米的叙述，她毕业之后的 1 年多时间里做的 4 份工作中，的确没有一个跟自己的兴趣能挂上钩。

“第一份工作是校招时签的。”小米说，“在一家大公司做前台服务工作。开始还觉得很新鲜，但做了一个多月就觉得每天都是在重复工作，很枯燥，实习期一满我就辞职了。”

“第二份工作是在一家外企。选择这个工作，是因为可以经常出差，我觉得只要不让我天天在办公室里坐着就成。”

没想到这个工作虽然不用坐办公室，但是在外面出差，各种杂事也不少，而且经常周末出差，基本把小米所有的休息时间都占了。她干了 3 个月，同样是实习期一满就离职了。

第三次小米去了一家创业公司，因为人手少，小米什么都要做，有时候甚至还要兼着出纳。

“虽然老板总是跟我说，公司未来发展很有前景，但我觉得那是他的前景，不是我的前景，所以干了半年就离开了。”

小米在家闲了两个月后，去了一家旅游公司工作。

“开始想得可简单了，觉得在旅游公司上班，应该有很多机会去旅游，没想到根本不是这样，而且还经常需要和那些难缠的顾客打交道，都快烦死了。”

这时距离小米入职第四个公司不过 4 个多月。

03

有时候你会很羡慕小米这种孩子，衣食无缺，家境优渥，同时生活顺风顺水。可事实是，小米居然很羡慕其他同龄人：“特别是他们对工作和生活那种渴求的眼神，我从来没有体会过。”

但“破题”恰恰也是从这里开始的。

我问小米：“你知道别人为什么这么渴求工作和生活吗？”她摇摇头，我接着说，“因为他们如果不这样做，明天可能就没有收入，交不了房租，负担不了自己的生活费。”

“你觉得你现在财务独立了吗？”我这个问题一抛出来，小米愣了一下，说：“应该算自立了……吧。”

一个“吧”字就暴露了小米的不确定。

我问她：“你现在一个月收入多少钱？”

小米说：“4000多块。”

我说：“4000多块，交完五险一金，拿到手的也就4000块。你现在手上的iPhone7、身上的名牌衣服，还有品牌包包，应该都不是你自己买的吧？”

小米吐了一下舌头，看了她爸一眼：“是爸妈给我买的。”

“你在外面租房子住，每个月需要交房租吧？”

小米摇头：“跟爸妈一起住。”

“你需要每天自己买菜做饭吗？”

小米摇头：“跟爸妈一起吃。”

“也就是说，你吃住都靠爸妈，手上所有贵重物品都是爸妈给买的，你却说自己财务独立了。”我笑嘻嘻地看着她，“原来财务独立是这么简单就能做到的呀。”

“但是他们说我刚工作，挣得少，能自己养活自己就不错了。”小米还有些不服气。

我说：“那是他们说的。他们说是一回事，你应不应该这么做是另外一回事。另外，你父母多大年纪了？他们还能这么养你多久？你知道为什么你没有特别喜欢做的事吗？因为你的兴趣和渴望都被过得太久的安逸生活给遮挡住了。”

小米嘟着嘴说：“刀叔，我本来是想问你换工作的事，你怎么扯到这上面来了？”

我非常认真地看着她说：“小米，如果你信任我，就按照我说的去尝试一下：当你不知道自己喜欢做什么的时候，那就去多赚点钱，实现真正的财务独立。”

“这有什么难的！”小米有些不以为意，然后狡黠地一笑，“嘿嘿，我有存款。”

“这样，你用你那些外地同事的情况来要求一下自己——每个月给父母交房租。你家那么大，条件那么好，你住的房间，每月房租 2500 块不过分吧？吃饭的费用算 1000 块好了。你每个月交给家里 3500 块，试几个月，然后我们再来说其他问题。”

小米当着她爸爸的面拍了拍胸脯，一点也没犹豫：“好吧，我从这个月就开始交！”

04

那天的聚会过后没两天，小米父亲又给我打了个电话：“我姑娘当真了！”

我说：“什么当真了？”

他说：“她今天一早真的给了我们 3500 块钱。”

我哈哈地笑：“那你们就收着，什么都别说，坚持三个月再看。”

“但这……”小米父亲想说什么，又没说出来。

“老米，如果你心疼女儿，当然可以不按我说的来，但是你真的不想看看后面可能会发生什么吗？”

听了我的话，小米父亲想了一下，说：“行，那我就看看。”

那次碰面是 2017 年 2 月初，也就是春节长假期间。

一个月后，我问小米父亲：“你闺女换工作了吗？”

他说：“还真没有，不过她已经第二次交给我们房租和餐费了。我跟她妈开始还想不收，但她坚持要给。”

我连忙告诉他：“你一定要收！”

小米父亲犹豫地说：“但是她刚工作 1 年多，每个月才拿 4000 多块钱……”

我说：“正因如此，她才必须这么做。你们别心软，不然就前功尽弃了。”

到了 4 月的时候，我忽然接到一个电话，是小米妈妈打来的。尽管隔着个电话，但我一下听出了她的担心：“我家小米已经第三次交房租和餐费了。第一次的时候她是笑嘻嘻地交的，说是要试着自己独立，第二次她说要多赚点钱，可这一次她交钱的时候好像有些不开心，说钱怎么这么不经花。”

“我不是不赞成让孩子自立，但是我家一直信奉‘女孩子富养’的策略，吃穿用度上从来没有亏待过她，也一直都很尊重她的意愿，总觉得这是为了孩子以后好，但现在孩子一门心思想证明自己可以财务独立，我总担心……”

接着，小米妈妈忧心忡忡地问：“女孩子太缺钱的话，会不会去做一些不应该做的事？”

听了她的话，我差点笑喷了：“大姐，我熟悉你和老米，你也熟悉你家闺女，小米那孩子是因为缺钱而去学坏的那种人吗？”

“当然不是，这点我还是相信她的。”小米妈妈想了想说，“我只是担心女孩子手头太紧，容易让人有机可乘。”

其实我很能理解她的担心，都是为人父母的，这种担心情有可原，但我还是告诉她：“这钱并不是让你们一直收下去，如果小米有一天意识到自己以前的想法是不对的，那就可以不收了。在此之前，我觉得你们应该忍一下。”

小米妈妈也是个通情达理的人，想了想还是同意了。

05

转眼到了 2017 年 6 月中旬，距离上次见小米已经 4 个多月了，小米已经给家里交过 5 次房租和餐费了，一共 17500 块。

小米父亲说，第一个月的时候女儿跟以前一样，看不出什么异样；到了第三个月，女儿开始愁眉苦脸，说自己的钱不够花；第四个月开始，小米加班的次数突然多了起来，因为她说加班有补贴。

到了第五个月，也就是 6 月中旬的一天，小米父亲忽然告诉我：“你知道吗，我闺女今天早上忽然在餐桌上说公司给她升职了，从以前的专员升成了主管。当时她特别高兴，跟她妈说，这下她每个月的月薪就能涨到 6000 块了！”

小米父亲感慨地说：“虽然只是一次简单的升职，但小米兴奋的样子是他从来没有见过的。”

他试探着问小米："你不准备辞职了？"

小米坚决地摇了摇头："暂时不打算换了。"

小米父亲又问："怎么改主意了？"

小米想了一下说："之前已经换了不止一份工作了，每个都做得不久，我想还是先把眼前这份工作做好了再说。"停了一下之后，小米苦着脸说，"主要是一想到每个月要交房租、餐费，就觉得压力好大啊！"

小米妈妈一听，很是心疼，说："要不这个月先不交了，缓缓吧。"

但让她和小米父亲没想到的是，这个建议被小米自己否决了："不用，我还是想坚持半年再说。"

一个周末，我的微博忽然收到了一条私信："刀叔，你猜我是谁？"

没几个人叫我"刀叔"的，一般都叫我"刀哥"，哼！我跑到那人微博上看了一会儿，确认了："小米。"

她嘿嘿地笑着说："我刚刚订阅了你的付费文章，不过只敢订包月的，你的文章太贵了！"

"好的东西都贵！"我毫不客气地说，然后故意揶揄她，"你不是已经财务独立了吗？每个月花 88 块钱看文章还觉得贵，谁信！"

"哎呀刀叔，就知道你会这么笑话我！"小米发了几个欲哭无泪的表情，"我这几个月真的意识到自己的问题了。给父母交钱这事儿，开始我想得特别简单，做到第三个月时就觉得压力好大，存款花得巨快。真想不明白以前钱那么够用，现在居然这么不够花！为了不认㞞，我开始拼命加班挣补贴，后来因为工作很努力升职了……"

我说："这不是挺好的嘛。"可是小米却说："结果升职这半个月，我发现自己什么都不会。因为以前我做的事都很简单，做好自己的事就可以了，现在不仅要做好自己的事，还要教别人做事。那些人资历比我深，都不知道该怎么跟他们沟通，顿时觉得自己和想象中差太多了。”接着，她说，“我现在终于知道自己和那些同事相比差的是什么了，是那种迫切的渴望。不管是对成功的渴望还是对金钱的渴望，都缺乏。有一天，我跟一个同事聊起这事，她一句话就点醒了我：‘因为你从来都是靠家里的，如果没有你爸妈，你试试……’”

06

小米说，同事的话让她琢磨了很久，终于意识到自己之前的一切平淡和任性不过是建立在父母提供的稳定的生活条件基础上的，一旦这个基础消失了，她立即变得什么都不是了。

小米还说：“我才交了 5 个月房租和餐费，就觉得特别辛苦。我那个外地同事跟我说，她不仅要交房租，父亲身体不好，还有个妹妹在读书，需要她经常寄钱回去，压力比我大多了。和她相比，我真的是太幸福了。”

“而且，也不知怎么搞的，以前我觉得平常无奇的事情，现在却慢慢觉得有意思了。虽然我现在还不能确定自己喜欢做什么，但是您说得没错，在我明白之前，多赚点钱总是不会错的。”

……

很多人之所以可以说出“我不知道自己喜欢什么”这种话，常常是因为有人为他们提供了可以说出这种话的条件，但他们却对这些条件视而不见。

用一句俗之又俗的话来说，就是“哪有什么岁月静好，不过是有人替你负重前行罢了”。一旦把这层保护膜剥去，仅仅几个月的房租、餐费，也就1万多块钱，就能让你感到压力巨大，很快被打回原形。那你的原形也太弱了吧？

而这不过是真实生活的冰山一角，随着时间的推移，父母总会变老、会生病，你的生活也会遇到很多波折，你在职场中也不一定会一帆风顺……一旦这些合力出现，你真的能依然轻松、任性吗？

唯一让我高兴的是，小米真是个聪明孩子，因为她能从别人的话中意识到自己的问题。

不过，这场考验还远远没有结束。

我人生中的三个 50 万

普通人只能面对白手起家、从无到有、跌宕起伏、意想不到……种种考验。这些事对那些幸运儿来说真不算什么，但对普通人的心态和意志却有极大的杀伤力，很容易让人茫然、消沉。

前几天我去高校做交流活动，有一个即将毕业、踏入社会的学生告诉我，他之前实习了 3 个月，一开始信心满满，但到最后却觉得前路漫漫，甚至产生了怀疑：这样一点一点从无到有地做事，什么时候才能实现自己的梦想？

我问他："你的梦想是什么？"

他有些不好意思地说："多挣点钱。"

哈哈哈，这是很多人的梦想，也包括我。

在关于梦想和实现梦想这件事上，人和人的想法是不一样的。那天交流到最后，那个年轻人忽然问我："说点具体的吧，您什么时候达成您关于挣钱的第一个目标的？"

我说："你指的是所挣的钱达到计划中的数目吗？"

他说："是。"

我想了想，好吧，那就说一说自己关于挣钱这个梦想的经历和感受。

01

很多年前，我离开学校，走上工作岗位。那时候我满脑子想的都是"做自己喜欢的事"，因为很喜欢写东西，所以我的第一份工作是去了一家报社做实习记者，专门写稿。

刚开始那段时间干得很开心，每天不管跑再多路、写再多稿，只要想到"自己喜欢"，就觉得开心得很。可是实习第一个月结束后发工资时，我傻眼了：工资2000块钱，扣除房租、水电费、通信费、交通费等五花八门的开销后，所剩无几。

那一瞬间我有了和那位同学类似的困惑：如果做自己喜欢的事，有可能会养不活自己，还有必要继续做下去吗？

从一开始信心满满，到最后莫名感到困惑，只有短短一个月的时间——这一个月，就是理想与现实的差距。

有一天，我跟一个前辈说起这种困惑。这个前辈比我年长很多，当时和我一样，也在四处采访，然后写稿。最让人印象深刻的是，和其他很多已经不怎么兴奋和激动的"老人"不同，他总是和年轻人一样兴冲冲的。

听了我的困惑之后，他忽然问了我一个问题："你觉得一年挣多少钱算多？"当时我脑子里并没有什么概念，想了想，咬牙说了一个自己觉得很大的数字：50 万。

那位前辈的第二个问题马上就来了："那你觉得你现在靠什么能够挣到 50 万？"

这个问题顿时就难住我了，对啊，当时的我刚出校门，经验不是特别足，成绩不是特别好，我拿什么挣够这 50 万？

前辈跟我说了一句话，让我至今记忆犹新：

"当你能力不够的时候，时间可以帮助你。"

我愣愣地问："怎么帮？"

那位前辈说："既然知道自己有那么多弱点，既然明白自己初出茅庐，那么就靠时间去弥补这些，提高能力，打好基础，看看有没有一天可以实现你的梦想。"

"你当然可以一拍胸脯说出自己想挣多少钱，但是紧接着你应该马上想到另一个问题：你靠什么可以挣到这笔钱？如果没有，那就去寻找。"

前辈的话让我瞬间明白了，我还没有迈出第一步，就已经在考虑第三步的问题了。

后来，我终于静下心来，认认真真地继续在媒体工作。我在那个领域里工作了很多年，其间也经历了单位的变化、职位的调迁等考验，有很多人放弃了，但我都咬牙坚持了下来。

终于到第 7 年的时候，我挣到了人生中的第一个 50 万。这个 50

万是我靠一次一次采访、一字一字写稿慢慢积累下来的。

02

50 万的目标实现了，是不是就意味着我的梦想实现了？

不知道别的朋友有没有过这样的困惑，在达到某个目标或者实现某个梦想之后，有一种茫然会不期而至。

我当时的情况就是这样。之前我还总想着：没达到自己的目标，需要继续努力。可是当目标达到时，环顾四周，忽然觉得有点不对劲。

面对着 30 岁的门槛，说年轻也不年轻了，说成熟也不成熟，之前设定的目标看似已经完成，但下一个目标在哪里，却又说不清楚。总觉得事情很多，时间很少，这该怎么办？

就在那个阶段，我遇到了一个很有趣的采访对象。她是中国第一批 DNA 女鉴定师中的一员，跟我年纪差不多。她曾经参与过 21 世纪初的人类基因组测序工作，取得了很出色的成绩。有一天，我问她："你下一个目标是什么？"

当时她的回答是：

"以前的这些工作都是在打基础，只有基础打好了，才会有更多的可能性。我就是想知道自己做的这份看似金字塔尖的工作是不是跟每个普通人都有关系。"

我听了心里一动：这不就是我所困惑的地方吗？

于是，她成了我第一个长期跟访对象，我花了 3 年多的时间，详细记录了她的成长过程。她最初是一个纯科研人员，后来在国内建立了第一个寻亲人员 DNA 数据库，并运用这个数据库，帮助那些由于各种原因与亲人失散的人寻找自己的来路。最让人惊讶的是，有一次她帮助一位在 20 世纪饥荒年间与家人失散的寻亲者找到了家人。

如果说之前的采访是本职工作，那么后面的追访极大地开阔了我的眼界——一件看似遥不可及的事，是如何一点一点成为普通人生活的一部分的。就好像在变魔术一般。

跟访 3 年后，我完成了国内第一本 DNA 鉴定纪实文学。更让我意外的是，后来一个公司买走了这本书的影视版权，版权费也是 50 万——说实话，这个数字就像天上掉下来的馅饼一样让我惊讶。

后来一想，这明明是我亲手做的馅饼啊！

如果说最初的那个 50 万是我用 7 年的时间脚踏实地地挣出来的，那么这个 50 万就是靠我开阔的眼界和极强的能力获得的。

对，这是上面那个问题的另外一个答案：

当你的时间不够用的时候，能力可以帮助你。

03

又过了好几年，我已经彻底不能再装嫩了，而这个世界也发生了变化——原来欣欣向荣的传统媒体行业受到新媒体的冲击，很多已经没落。

同样发生变化的还有人的心态：很多人发现，之前那么受人追捧的报纸、销量那么大的杂志似乎一夜之间就没人看了。他们以前意气风发、朝气蓬勃，现在却充满了困惑，变得消沉、懈怠。

好在，我还一直在写，只不过写字的阵地发生了变化，从以前的报纸变成了网络，从论坛、BBS变成了微博、微信——需要告诉大家的是，我写的那些文章并不赚钱，都是免费阅读的。

当时的我并不知道自己这么写有什么用，只是因为喜欢，就一直坚持了下来。2016年夏天，一次很偶然的机会，我开通了微博付费阅读——说实话，当时心里没有底，免费文章那么多，我的付费文章有人看吗？

我心里还有另外一个疑问：在这样的一个时代，作为一个普通人，不是官二代、富二代，也没有深厚的背景和广阔的人脉，只靠自己喜欢的专业，能不能养活自己，过上体面的生活？

答案连我自己都没有想到：第一篇文章当日订阅就超过1000块，第三篇文章破了1万块。一个月后，我迎来了第一个“100000+”。差不多4个月时，订阅账户上的数字突破了50万。

这是我人生中第三个让我记忆深刻的50万——如果说第一个50万是我花了7年时间靠脚踏实地工作挣来的，第二个50万是我花了3年靠开阔的眼界和强大的能力换来的，那么这第三个50万，我只用了短短4个多月就挣来了，靠的是什么？

答案是：靠的是机遇。

对，世界在变化，时代也在变化，很多变化会毁掉你对过去的认知，也会给你带来新奇的未来，而未来就是机遇。如果你一味地留恋过去，自然抓不住新奇的未来。

这就是第三个 50 万带给我的启示——

当你能力不够、时间不够用的时候，机遇能够帮助你。

04

说完这三个出现在我人生不同阶段、实现路径和方法完全不同、对我个人的意义也截然不同，但印象都极其深刻的 50 万，再说一点小感受吧。

现在很多人特别是年轻人都希望一夜成名——这种事有没有可能发生？有。但从我的切身体会来看，那是极少数幸运儿才会遇到的事，比如含着金汤匙出生的富二代，或者是中了巨额彩票的幸运者。对于绝大多数的普通人来说，这样的事情基本不会发生。

普通人只能面对白手起家、从无到有、跌宕起伏、意想不到……种种考验。这些事对那些幸运儿来说真不算什么，但对普通人的心态和意志却有极大的杀伤力，很容易让人茫然、消沉。

不管你的梦想是不是赚钱，在实现梦想的这条道路上，你都必须谨记以下三点：

（1）给自己足够的时间打好基础。

（2）给自己足够的空间提升眼界。

（3）给自己足够的坚持抓住机遇。

这三点看似简单，但是如果你能做到，会带给你意想不到的变化；如果你做不到，那请先收回那些虚无缥缈的想法，回到地面上来。

当然，也许你会说：如果你认为区区三个 50 万就可以看破人生，那你也太小看我了。

在实现挣钱这个梦想的道路上，每个敢于投入时间、提升能力、抓住机遇的人的未来都不可限量。

你为“中看”花的钱，会远远比“中用”更值得

对钱理解得越通透，你在生活中受到金钱羁绊的可能性就会越少。而越闭口不提，反而会像讳疾忌医那样越过越拧巴。

曾经有朋友问我为什么要写关于钱的系列文章，他说：“太拜金会不会不太好？”

我只想说，写正视生活和金钱关系的文章并不意味着拜金。正相反，对钱理解得越通透，你在生活中受到金钱羁绊的可能性就会越少。而越闭口不提，反而会像讳疾忌医那样越过越拧巴。

之所以提笔写这个系列文章，是因为我觉得父辈这一代人传递下来的生活观虽然正确，但缺少和中国人的生活本质息息相关的基本教育，其中之一就是关于金钱观的教育，这个从绝大多数人的教育过程

中就可以看出来。就像我之前说过的：

无论小学、初中、高中，父母最常说的就是：“钱的事你别管，好好学习就行了。”

大学一毕业，父母的口头禅立马就变成：“你已经大学毕业了，赶紧多挣点钱。”

从不用管钱的一个极端到多赚点钱的另一个极端，只有短短 4 年时间的过渡期，根本不够。所以，这个话题不仅有必要写一写，还应该写得更多、更深入。比如，在“中看不中用”的东西上花的钱，我们就应该好好聊一聊。

01

是不是每个人在成长过程中都会被某些东西吸引——这些东西，有些人非常喜欢，但是放在另外一些人眼中，却是“中看不中用”。

对我而言，这种事情经历得太多了。

有一次去外地，路过一个古镇，觉得很有特色，就留下来逛了逛。逛着逛着，忽然发现有一家店铺，里面在卖店主自己手工做的陶瓷用具。店里的东西都很别致，无论是设计、手工还是上色、上釉，都和市面上的大路货不一样，精美无比，让人一看就印象深刻。

一问才知道店主祖上做了很多年陶瓷器具，这家店也开了很多年了。因为都是手工制作的，所以每套用具价格不菲，是市面上普通产品的五六倍。

我挑来选去，后来买了一套餐具，花了 2000 多块，千里迢迢地带回北京。

我妈见我拿了个大箱子回来，开始还以为带回了啥土特产，结果打开一看发现是一套瓷器，意外地问："家里又不是没有这东西，干吗还买？"

我说："您不觉得这套东西很别致吗……"我讲了半天，我妈撇撇嘴，不以为然地说："再别致不也是套餐具。"

一句话顿时弄得我不知道该说什么了。

后来到了春节，我把家里收拾得很干净，吃团圆饭的时候专门换上了那套全新的餐具，顿时觉得屋里整个感觉不一样了。

还是我妈，继续不以为然地说："难道用旧盘子就不能吃饭了？用这套新餐具就能多吃两碗？"

我说："你不觉得这样很好看，看上去很美？"然后就听我妈说："餐具就是拿来吃饭的，要那么美干吗？再说了，就为了那么点美，还花那么多钱！"

那时候年轻，虽然出于本能觉得我妈说的话有问题，但一时竟然不知道该怎么反驳。

02

刚刚说的餐具，只是很小的一个例子。除此之外，还有很多类似的经历。

记得第一次装修房子的时候，我特别中意以欧式灰色调为主的“性冷淡风格”。有过装修经验的人都知道，这种风格的房子装修出来很好看，但是材料和人工费都会比一般风格的贵一些，至少要贵30%吧。

当时提反对意见的是我爸，他觉得另外一个公司的那种风格就很好——那是一种以暖色调为主的风格，比较普通。当然，最让人满意的就是价钱，因为便宜啊。

结果一算下来，如果要装成“性冷淡风格”，一套下来的钱远远超过了预算。那时候还没有什么装修贷款、消费贷款之类的东西，只能退而求其次，选择了便宜的风格。

后来房子装好了，我在里面住了整整好几年，也后悔了整整好几年，因为——太难看了！暖色调的装修风格本身不洋气不说，再洋气的家具、家电都能被拉下来两三个档次。

家里唯一对此满意的就是我爸了：“这多好啊，虽然不那么时髦，但是便宜啊……”

这话听着真别扭，但当时我怎么也没想明白具体别扭在哪儿。

有一次去一个外国朋友家做客。她家窗明几净，陈设别致，最让人意外的是还有一个小露台——露台虽小，但是收拾得非常雅致，不仅有遮阳棚，还有一面小花墙，绿绿的爬山虎爬满了墙。

那天吃饭就是在露台上，从餐巾到餐具都别具一格，一看就是花了很多心思。吃饭的时候，大家都说这里环境不错，朋友来了一句：“都是钱堆出来的。”

03

她顺手指着满是爬山虎的那面墙说："这面墙里面装了特殊的滴渗装置，无论什么季节都可以恒温出水，不会被冻裂。这阳光房里专门安了隐藏式换气装置，不然别说人坐在里面了，植物都热得活不下来。还有那砖也是特制的，因为既要有足够的强度，又要能够散热透气，还不能轻易开裂变形……"

按她的说法，单是这个露台的设计费和材料费就抵得上整个装修费的一半了。"虽然有人觉得露台就是露台，能用就行，但是我却觉得，到了一定阶段，好看就成了第一诉求，而且好看更重要。因为它带来的美感如果缺失了，再多的钱都买不回来。"

就是这一句话让我醍醐灌顶，我瞬间明白了之前心里的别扭之处——

在有用的基础上，如果美感缺失，再多的钱都买不回来。比如，在那套没有按照自己喜欢的风格装修的房子里住了好几年，我觉得很遗憾。

但是这样的话题，如果拿去跟父母那辈人交流，他们总会对所谓的美感和好看嗤之以鼻，答曰："好看能当饭吃？"

不仅如此，在生活中，他们奉行一切以"中用"为前提的原则，而大部分跟美有关的需求都会被他们抛在脑后，有时甚至成为牺牲品。

别人我不知道，在绝大多数 70 后、80 后的家里，以下几种说起来让人啼笑皆非的情景是普遍存在的：

(1) 家里的沙发，不管是皮的、布的还是革的，都喜欢拿一块神

奇的布给包起来。

（2）家里的电器遥控器，不管是大的还是小的，都会拿透明塑料袋给包起来。

（3）家里的电器，不管是经常用的还是不经常用的，都会缝一个外套给包起来。

……

这是另外一种“包治百病”。

像上面说的这种例子，真的举不胜举。

04

那个外国朋友还说过一句特别经典的话：

你为实用付的钱只能证明你的经济实力，但你为美感付的钱却能证明你的眼光和修养。

当然，她的这个说法有一定的前提条件，那就是你必须具备独立的经济能力。如果用通俗一点的话来说，就是“先解决有没有的问题，再解决好不好的问题”。

但是很多人在解决了有没有的问题后，却很少去想好不好的问题，下一次依然会照着解决有没有的问题的路数来，本来富有情趣的生活，结果慢慢变成了一潭死水。

我们的父辈就是这样，当然这和他们那个年代的生活环境有关——物质匮乏、选择不多、生活动荡，伴有强烈的不安全感。

尽管现在时代已经不同了，但他们依然很少用现在的角度考虑问题，总是想着省钱，很少单纯因为好看、美丽、喜欢而花钱。

这真是一件想想就觉得遗憾的事。

而当我明白了这个道理后，就再也不愿意让自己回到以前那种别扭的状态中了。

随着为好看、美丽而花钱的经验逐渐增多，你还会发现一个意想不到的事实：那些为“中看”所花的钱，到了一定时候，作用会远远大于为“中用”所花的钱。

对这一点，我深有体会。

前几年，我们做过一个项目，因为这个项目是这个领域内的首创，没有可以对比的先例或者竞品，有可能会大获全胜，也有可能会折戟沉沙，所以在项目进行之初谁都不敢打包票。

我们有两种方案可供选择：

第一种是以完成项目为前提，在策划、构架、设计、执行、推广等方面以最低限度推进，尽可能压缩成本，以减少项目风险。

第二种是以做一个很牛的项目为前提，先确定一个鲜明的主题，再根据这个主题推进设计、执行等各个环节。

第一种方案找的是一个普通团队，第二种方案的合作方是业内顶尖的设计师。显然，第二种花费要高得多，但是也好看得多，同时风险也高得多。

尽管当时很多人反对，但是考虑再三后，我还是选择了第二种方案——在这个方案中，光是一个概念海报就要花很多钱，但出来后的效果真是好看得难以形容。

等到了给项目“掀盖头”的时候，很多人都很忐忑，因为不知道用户会不会接受这种风格。

最后的事实是，这个项目一上线就受到了用户的欢迎。因为此前的同类产品都只考虑了有没有用，而没考虑到好不好看，而这个项目却成功地让“好看”成了它最明显的标签。

因为这个时代的人都已经过了只图“中用”的时候。

有钱没钱是判断价值观是否相同的标准吗？

有一天，我听见一个人对另一个人说：“不要和穷人交朋友，因为你们的价值观完全不同。跟价值观不同的人交往有多痛苦，你知道吗？”

后一句我是基本认同的，但前面那句……

有钱没钱可以作为判断价值观是否相同的标准吗？要说这个问题，先说我熟识的两个人吧。

在 18 岁之前，我从来没有想过用钱去衡量一个朋友值不值得交。那时候因为年轻，交朋友基本是随性而至，没有什么目的性，所以很多人说那时候交的才是真正的朋友。

最开始觉得挺有道理，但是后来发现好像也有些不对。如果连物质或者金钱这一关都过不去，那么好像也很难称为朋友。

不过用钱考验人，有时真的还挺复杂的。

01

读书的时候有两位同学，每次学校组织一些出行或者是其他活动需要交钱的时候，他们俩便会是老大难。

其中一位同学家里非常贫困，父亲早逝，母亲打零工供养他和姐姐上大学。一进了大学，他就申请了助学贷款。就算这样，他也依然每个周末到校外去做兼职，挣钱来当生活费。

他和我们这些每个月能定期收到家里汇款的同学不同，他母亲辛苦一年也只能把他们姐弟俩的学费挣出来，而生活费都是靠他们自己解决。

所以，最开始学校组织活动，他能不参加就不参加。

一来二去次数多了，大家就知道了他的处境，班长提议从班费当中拿出一笔钱，每次出行的时候帮他贴补点——其实花不了多少钱，那时候物价低，每次可能也就几块钱。

班长的建议得到了绝大多数同学的同意。

相比之下，班上另一个老大难同学就很耐人寻味了。

那个同学平常跟其他人一样，但每次出去需要交费用的时候，他就推三阻四，后来便管人借。

他每次借的时候都说得特别好，回来就还，或者有钱就还，但是每次参加完活动，回来也没有见他还过钱。次数多了，大家就不借给他了。

不知从什么时候开始，这个同学盯上了班长，借了两次班长也受不了了，开始找各种理由推托。

那个家境贫困的同学因为没有交费用，所以每次活动都不参加；而这个同学尽管费用都是借的，或者有时干脆没交费用，但是每次参加活动的时候都会分秒不差地出现。

大家那时候都很年轻，脸嫩，每次他没交钱又出现了，大家也不好意思说什么。只有班长气鼓鼓的，又帮他把钱垫上。

02

那次讨论减免活动费用的特殊班会，专门避开了这两个同学——家境不好的那个同学，大家怕伤他的自尊心；而另外那个同学，大家根本就不想让他参加。

没想到的是，另外那个同学不知道通过什么途径知道了班会的事，一定要求班长把他也纳入用班费代缴费用的名单里。

他说："凭什么家境不好的同学就要用班费来代缴费用呢？我也要这样。"

班长实在看不过去了，说了一句："人家是家里条件真的不好，你呢？"

没想到这个同学脖子一梗："我家的条件也很不好！"

后来还是在全班同学都反对的情况下，他的要求才作罢，从此他对那个家境不好的同学特别看不上眼。

随着时间的推移，我发现跟这两个人相处的感受完全是不同的。

尽管被告知用班费承担了出游的开销，但是那个家境不好的同学依然很少参加团体活动，而是把大量的时间花在了勤工俭学上。

偶尔有一两次他参加了，也都会主动帮女生拿东西，或者扛着很重的背包。大家有些时候看不过去，想接过来，他也总说没事儿，他力气大。

有一段时间他还主动去做一些吃力的工作，比如为同学们取信件、领包裹，然后去各个楼层分发。

大二那一年西南某地发生地震，造成不少人死伤。当时整个西南地区都在捐款，我们学校也搞了募捐活动。没有想到的是，这个同学捐出了100块钱——要知道，这100块钱相当于他近一个月的生活费。

大三那年，班上有个同学的家人生病，需要请一段时间的假回家照顾家人。当时我们正在备考专业八级考试，这个同学知道了这个情况，不仅帮他把那段时间的笔记做了，还每周把资料邮寄到医院，连邮费都没有收。

大学四年，这个同学在班上一直有很好的人缘，似乎从来没有因为自己贫穷的家境而有过什么心理上的障碍。不管是谁，跟这个同学相处时总是很愉快。

03

相比之下，另外那个同学就是另外一番情景了。

因为班费那事儿，他在大家心目中的印象是非常小气、比较抠门，但后来大家发现真实情况好像并不是这样。

他给自己花钱并不束手束脚，身上穿的全是名牌。他的问题在于——只要有能占便宜的机会，就一定不会放过。

那时候我们都是学生，零用钱不多，最常见的出去聚会的形式就是 AA 制，但是不管吃饭还是唱歌，没有人愿意叫他。因为只要他在，一定会在结束前找个借口离开，或者装着出去打电话，总之就是等着大家把账结完了才会回来，然后一拍荷包：“哎呀，忘带钱了，忘带钱了。回去给你，回去给你。”

等回去之后，他就不知道把这事儿忘到哪儿去了。

刚才说过，他还有一个不太好的习惯，就是特别喜欢管人借钱——他借的钱倒也不多，不是 10 块就是 20 块，最多 100 块，但借了总是不还。

偶尔有同学受不了，开口让他还，他就会特别不高兴地说：

不就借了你一点儿钱吗，还追着要，怎么这么抠！

瞧，他还说别人抠。

印象最深的是大四毕业前我们照毕业照，每个人交 25 块钱，除了照相，还会冲印一张照片。

班长知道他素来有喜欢管人借钱的毛病，所以专门提醒大家，这个钱必须得提前交。

没想到的是，就这 25 块钱，他最后也没交！

因为负责拍毕业照的照相馆实在等不及了，班长只好自己又帮他垫了钱。而他知道后，直接发了一个地址给班长，可怜的班长又只好把照片给他寄过去。

一直到现在，班长还记着这事，有一次还在群里气鼓鼓地说：“那个谁谁谁呀，简直是抠到了极点，毕业照的钱还没还我呢！”

04

我们毕业后，家境不好的那个同学选择了继续读研，他上研究生的学费也是自己挣的。

我到北京第二年时，有一天忽然接到他的电话，特别不好意思地说想跟我借 3000 块钱，因为交不起一个课题的费用，大概一个月后还我。

当时我没多想便借给了他，但是到了约定的时间，却怎么也联系不上他。我觉得很奇怪，又问其他正在读研的同学，别人说也联系不上他。

再见到他的时候，已经是三个月以后。有一天，他到我们单位来找我，面容憔悴、风尘仆仆。一问才知道，这段时间他母亲病重，因为姐姐在国外读书一时间赶不回来，他便回去照顾，把所有钱都用在给母亲治病上了，结果连手机话费也舍不得充，因此失联了。

后来，他母亲去世了，他办完丧事才回到学校。

一到北京，他就先来找我道歉，说再给他三个月的时间，他一定能还我这笔钱。我心里很替他难过，安慰他说："家里出了这么大的事，先缓缓，不要担心钱的问题。"

尽管这样，没到三个月的时候，他就把这笔钱还上了。我并不知道他是怎么挣到那 3000 块钱的，却记得他那时整个人又瘦了一圈。

有一次，我无意中把这个事情跟母亲说了。母亲听了之后很感慨地说："这个同学人品很好，值得长久交往。"

当时我还半开玩笑地说："为什么？就因为他还了我那笔钱吗？"

母亲非常认真地跟我说：

“这事虽小，但不是每个人都能做到。以后你就知道了，钱就像一面镜子，最能够看出一个人值不值得交往了。”

随着在社会中不断历练，我越发觉得母亲的话很有道理。

跟这个同学相处这么久，从来不用担心他不靠谱，也从来没有过心里不踏实的感觉。连我这么个急脾气，跟他相处起来也变得温和了很多。

更重要的是，尽管我们家境不同、性格不同、成长环境不同，但是这些都不会成为我们沟通的障碍。

这个同学研究生毕业，进了一家公司，后来发展得很好，也在北京扎根，成家立业。

尽管都非常忙，但是每年我们都会找个时间约到一起坐一下，也没什么特别的事，即便是聊聊天，也能让人很开心。

真的，认识这么多年了，我们之间很少有什么分歧。

05

再说另外那个同学。

大学毕业后我们就很少见面。他在当地的一个企业工作，后来我们才知道这个企业是他家亲戚的。他父母是生意人，家庭情况一点也不困难。

但就算这样，他在钱上的观念也总是刷新我对人的认识。

有段时间，大学班级建了个微信群。有位同学毕业后在航空公司工作，因为工作便利，经常往返于国内外，有时候群里的女生会让她帮忙给自己带一些东西。

当然，托人家从国外带东西的时候，大家都会提前把钱转给她。

忽然有一天，我看到群里的一个陌生人问那个同学："能帮我带一套护肤品吗？听说国外会便宜很多。"那套护肤品很有名，但价格不便宜，一套下来需要五六千块钱。

那个同学说："好的，那你把钱先给我。"

那个陌生人说："你先帮我垫上，等回来我再给你。"

没想到那位同学特别不客气地说："垫上？上次你让我带的那个包包，到现在钱还没给我呢，一共 6800 块钱，你什么时候给我？"

她这么一说，我忍不住悄悄地小窗口问她："这是不是那谁谁谁？"

她特别不高兴地说："就是他！"

没想到近 20 年过去了，还是这毛病。

后来有一天，我突然接到他的电话。他说："听说你在北京混得还不错，我有可能要去北京旅游哦……"

我立马说："不不不，我不在。"

他说："那你什么时候在？"

我说："我可能最近都不在。"

我们都已经长大了，终于能对不是一条路上的人说"不"字了。

06

那条路就是价值观吧。

有一句话，我一直印象很深，那就是——

你对钱的态度，就是你做人的态度。

对钱斤斤计较的，在生活当中不可能会大方洒脱；对钱大手大脚的，在生活当中也不可能心细如发。

这并不是对错的判断，只是方向的选择。每个人的出身、成长环境、经历、性格不同，决定了每个人的价值观不同。不同价值观的人，本质的区别就是对钱的态度不一样。

有些人遇事会把钱放在第一位，而有些人不会把钱放在首要位置来考虑。

价值观相同的人相处起来就会风调雨顺，而价值观不同的人在一起，无论如何都会别别扭扭。

就像那个家境贫寒的同学，虽然他家里条件不好，大家走的路也不尽相同，但是这么多年里，我们一直都算彼此了解和认同的朋友。从这一点上说，尽管我们之间有很多的不同，但我们的价值观是一样的。

而另外那个同学，尽管他看上去和一般人没什么两样，但是只有当你跟他相处的时候才会觉得浑身不舒服，总会有哪些地方让你觉得非常不爽。从这点上说，尽管他的条件不错，但我们的价值观终究是不一样的。

有些人经常用家庭出身来判断一个人的价值观，但是从上面两个例子可以看出，这种判断并不完全具备决定意义。

也就是说，对钱的态度如何和有多少钱本身没有关系。

一个人说，我有钱。另一个人说，我没钱。两者的价值观未必不一样。

但是，如果一个人说，我愿意花钱来节省时间；另一个人说，我宁愿浪费时间也不愿意花钱，这两者的价值观肯定不同。

同样的道理也见于我们在生活中花钱的态度——有些人可能生活非常简朴，但是在读书、爱好、兴趣等方面，花钱从不吝啬。而有些人追求物质生活的极大享受，但是基本不看书，对于需要花钱充实精神生活的行为嗤之以鼻。

这两者也是异路人。

每个人的生活方式和价值取向都是自己的选择，没有对错。但是当你越来越成熟的时候，就会发现：

只有跟价值观相同的人在一起，你才会从心底觉得轻松，没有负担，对方说的什么你都可以理解，而你做的什么对方也都能够明白。

再多说一句，很多人的婚姻不幸福，其实说到底还是价值观不同，两个本来就是异路的人走在了一起，彼此之间很难包容、谅解，不断折磨。

真的，如果你把很多时间和精力用在说服自己接受某个人或某件事上，你会觉得特别难受。

所以说，能够和跟自己价值观相同的人交往和生活是多么幸福的一件事。

从这个角度来说，钱真的是一面魔镜——

它可以让人看到不堪，也可以让人看到幸福。

亏钱是砒霜吗？不，一上来就赚才是

大部分人都害怕亏损，但对于投资这件事情来说，最可怕的其实不是一上来就亏钱，而是一上来就赚钱，尤其是一开始就赚了一大笔。

很多年以前，看过华尔街传奇投资人物彼得·林奇的一本传记，他在里面说了一句让我一度很不得要领的话："大部分人都害怕亏损，但对于投资这件事情来说，最可怕的其实不是一上来就亏钱，而是一上来就赚钱，尤其是一开始就赚了一大笔。"

当时觉得这句话简直让人无法理解，赚钱怎么会可怕呢？赚钱了我一定会买这个、买那个，看见谁都笑，多开心啊……这个说法完全不符合"何以解忧，唯有暴富"的毒鸡汤哲学。

因为觉得这句话很没有道理，我就把这本书扔到一边去了，没有看后面的内容。

直到我和身边的人开始真正置身于赚钱和亏钱的旋涡之后，才发现事情似乎并没有那么简单。

01

很多年以前，在工作逐渐进入稳定期后，因为很偶然的原因，我开始尝试投资。最开始无非是买股票、基金。

但是很倒霉，我开始尝试的时候，正好赶上中国股市从2001年之后开始的那次熊市，虽然经济在高速发展，但是大盘却“跌跌不休”，不知不觉间居然跌破了1000点大关。

当时身边有些朋友跟我前后脚开始尝试，结果都被跌怕了，亏损了一点之后就坚决撤退，还让我也撤退。但我那时候啥都不懂，不懂见好就收，更不懂得坚决止损，等我反应过来的时候，前面投进去的钱已经亏了近一半。

投进去的真金白银就这么打水漂了，想想就不甘心，我不愿意撤退，但是我更想弄明白的是：我究竟为什么会亏？

开始我也想，要不跟其他人一样，撤了算了，但是又觉得不甘心，特别是啥都不懂就亏了这一点，一想起来，就跟吵架没发挥好一样很遗憾。

从哪里跌倒就从哪里爬起来，那段时间我看了很多书，做了很多功课，一点一点地学习，终于明白了宏观和微观的区别，并且熬过了亏损最多的那个阶段，等到后来苦尽甘来。

这个过程其实非常难熬，我不知道这么熬下去是对的还是错的，也不知道熬到什么时候才是尽头，所以我把这段经历写成了文字，发在了博客上。

没想到，这些对我来说只是思考和记录的文字，却阴差阳错地开启了另一个人的人生魔幻之旅——它改变了对方原有的人生方向，甚至让对方慢慢变成了另外一个人。

现在回想起来，还觉得有些不真实。

02

一次很偶然的机会，我注意到有个人总会在凌晨时分来我的博客留言，这个人就是王飞。最开始我只知道他会看博客写留言，熟悉后才知道他在一个驻外机构上班，和国内有七八个小时的时差。

王飞比我小几岁，大学本科毕业后就驻外了，工作稳定，待遇优厚。他和大多数年轻人一样，对于赚钱这件事，除了工作拿工资之外没有其他经验，也不敢太投入。特别是看到我用工资尝试投资理财，结果惨遭亏损一事后，对此更加担心了。

“刀哥，既然亏了，就赶紧拿出来吧，别到时候亏完了，那就血本无归了。”

“我投的这些钱只是收入的差不多三成，就算都亏了也没啥。不过，我真的连怎么亏的都不知道，就这么出来了，就等于交了学费没学到东西。”

因为王飞在国外，接触到的信息更多，有一次我问了他一个问题：“书上说股市是经济的晴雨表，可为什么中国经济发展得还不错，股市却糟糕成这个样子？”

对于这个问题，王飞找了外国媒体的一些报道来回答我，比如中国国企改革的难度、股市制度设计问题等，听得我云里雾里的。末了，他还是劝我：“刀哥，虽然你把投资当成了一种生活态度，但你金钱上的亏损是实实在在的啊。这全天下有哪种生活态度会给你带来金钱上的亏损呢？”

我笑他：“你那么年轻，怎么想事做事这么死板？一点不像你这个年纪的人。”

然后，他也笑我：“你也一把年纪了，怎么总喜欢尝试新东西？一点也不安分守己。”

在很长一段时间里，我和王飞就像两条平行线，彼此能够看见，但并没有什么交会点。不过，这世间有些变化总是让人始料未及。

03

2005 年年底，我无意中发现，虽然 A 股指数没什么长进，依然在 1000 多点的低位徘徊，但是之前的亏损却已经大幅度减少。

更大的变化发生在几个月之后的 2006 年 4 月，之前几年的基金亏损已经全部弥补，并且有了盈余。

知道了这个消息，王飞高兴地跟我说："刀哥，既然已经赚钱了，那还不赶紧拿出来？万一再亏了，多可惜！"

"可是我亏了那么多年都没出来，现在也不想出来，先放在里面看看吧。"

王飞听了我的话后，忍不住叹气说："刀哥，你这人就是不听劝。"

我倒不是不听劝，只是觉得，虽然投资有风险，但是我也给自己设置了几道防火墙，比如投进去的钱3—5年内都不会急用，每个月追进去的钱也只占收入的1/3左右，就算有所亏损，也不会影响我的生活。

最关键的一点是，自从对投资市场有所了解后，我就觉得自己不适合炒股，于是果断地选择了基金。有那么多时间盯盘，还不如拿来认真工作。股市会起起伏伏，但是工作只要你认真负责，基本就会不断向上，收入的增长也是指日可期的，我可不想因小失大。

这种投资原则一直持续着。

从2006年春到2007年春，整整一年又过去了，中国股市已经彻底摆脱了熊市，从998点低位一路攀升到了3000点上方——对，我亏了几年的钱已经翻番挣回来了。

这一年的氛围其实非常有趣：之前人人唯恐避之不及的投资理财领域，忽然因为赚钱效应成了香饽饽；我博客上的那些关于学习理财的文章居然也吸引了很多人，一些以前对此完全不感冒的人也在一夜之间转变了态度。

其中就有王飞。

04

忽然有一天，王飞在网上跟我说，他也准备开户买基金了。我听了很诧异："你不是一直觉得这事是肉包子打狗吗？"

"但是你亏了那么久，现在却赚了钱，我也想试一下。"

那段时间，我身边像王飞这样转变态度的人特别多，对此我没有什么特别的建议，只是告诉了他们我的那几个不让投资结果影响生活的防火墙措施。

开始王飞只是尝试性地投了一笔钱进去，结果大概几个月就赚了30%——不要惊讶，如果你经历过 2005 年—2007 年那一拨中国前所未有的大牛市，应该能够体会到那种一夜之间账户上的数字就涨了很多的心跳和快感。

王飞对此也格外兴奋，他跟我在网上聊天时说："真没想到，钱这么好赚。早知道真的应该早早投入，这样就能赚得更多了。"

这一次换成了我给他泼冷水："别只看赚钱的时候，想想我那几年。"我告诉他，不要拿短期要用的钱或者绝大部分积蓄去投资，那样太冒险了。那时候王飞对我的建议还是能听得进去的，也都照做了。

又过了一段时间，王飞账户里的数字一直在涨，他终于忍不住了，开始加大投入。我只得叮嘱他，投资要有限度，千万不要让投资影响生活。但没想到的是，有一天他跟我说，他找家里的几个长辈借了一大笔钱准备去买基金。可他连什么是开放式基金和封闭式基金、什么是人民币基金、什么是美元基金都不清楚。

我连忙阻拦他，他却说："这段时间我天天关注投资市场，也学了不少东西，不像一开始那样啥都不懂了。”

那段时间市场虽然经历了“半夜鸡叫”的跌宕过程，但整体趋势还在不断向上。很快到了2007年下半年，王飞借的这笔钱也赚了大概30%。

他用赚来的这笔钱，带着他妈妈去国外玩了一圈，说好回国后来看我。

05

那次是我和王飞第一次见面，他满面红光，谈笑风生，跟我的原有印象中那个谨小慎微的驻外工作人员完全不同。

王飞告诉我，之前他一直觉得自己在单位不受重视。他是名牌大学出身，虽然单位听上去不错，也在国外工作，但做的是最初级的工作，领导要求还很严格，让他略有些憋屈。他说：“我总觉得自己身上还有很多才华没有发挥出来，没想到自己最大的才华原来是在投资赚钱这件事上……”

我忍不住提醒他：“但是投资市场的变化瞬间可至，越是繁荣的情况下越应该谨慎一些……”

他笑着打断我：“刀哥，我觉得你是被那几年亏损给吓怕了。”然后他又列举了一大堆的例子，来说明投资市场的繁荣还能延续多少年，大盘还能从5000点上涨到8000点，赚钱效应还能持续多久……各种专业术语和名词，听得我直发愣。

“这段时间我也一直在学习，越学习越觉得自己在这方面真的有天赋。”王飞信心满满地告诉我，“没准这才是我应该从事的事业。想起我们单位那些古板的老学究，就知道训我，他们一天就能赚几千块钱吗？他们知道什么叫投资吗？他们辛辛苦苦一个月赚的钱，我一天就赚出来了……”

我听了目瞪口呆，这真的是那个谨小慎微的王飞吗？

那次见面之后没多久，王飞就告诉我，他把所有基金都赎回来了，开始炒股了。他说：“基金虽然不错，但是跟股票比起来，赚得还是太少了！”

不仅如此，他还开始从亲戚朋友那里“融资”。由于先前的赚钱效应，很多亲戚真的把钱交给他来投资了，最多的一个甚至拿出了家里的房子拆迁款。

知道这个情况后，我使劲阻拦他，可他已经完全听不进去了。他说：“刀哥，我觉得你是被那几年亏得吓破胆了。再说了，你是你，我是我，我觉得自己在投资方面还是很有天分的，也一定能做出很好的成绩来。”

这话一出，我也只好闭嘴了。

06

后来的一段时间，王飞开始在网上跟我炫耀，今天又赚了多少多少，今天又赚了北京几平方米的房子……

因为他在国外工作，每天晚上看国内大盘看到很晚，第二天工作状态不好，总是疲疲沓沓，因此受到领导批评。但他对此也毫不在意："这工作才赚多少钱啊，大不了不干了。"

他甚至有一天还问我："刀哥，你说我去读一个 MBA 或者经济学学位，转行去做投资怎么样？"

我认真地告诉他："术业有专攻，我真的不建议你那样做。另外，你只是运气好，碰到了一个前所未有的牛市，但是真不要觉得你已经赚了钱，风险就离你很远了。"

王飞对此不以为然，我知道，他并没有听进去。

2007 年 10 月，大盘越过 6100 点，开始一路向下。

自从大盘开始调整后，王飞就很少跟我说他的收益情况了，偶尔我主动问起，他也三言两语地搪塞过去。

虽然大盘指数下跌很大，但这个下跌的过程也不是一天就完成的，中间其实有很多机会可以逃脱。可能因为前期赚钱太过容易，王飞始终不相信这次面对的情况很糟糕，所以对别人的建议完全听不进去，反而不断加大投入，意图扭转局面。

可是在整体趋势向下的情况下，个体很难独善其身——大盘指数 2007 年年底还是 6100 点，2008 年年底却跌到了 1600 点，一年之中跌了 70%，也算是前所未有地惨烈了。

07

这一年里，王飞的前期盈利全部灰飞烟灭，亲戚几次想把钱拿回来，他都说没事没事，结果资金越套越多。

可是就算面临这种局面，王飞也始终不相信牛市就这么结束了，更不认为这波下跌是牛熊转换，反而觉得是因为自己没有财经专业知识，所以亏损了——2008 年夏天，王飞甚至辞了职，回国报了一个财经方向的培训班。

“我还是觉得自己在这方面有天赋，如果不是这样，前期那么多钱是怎么赚来的？”

这时候，我已经不知道该怎么劝他了。

而从他辞职到大盘跌到 1600 点，又经历了几个月，王飞在网上已经不怎么说话了，只是偶尔从他的签名中能看出他的情绪非常低落。

2009 年春节，我在网上给他拜年，他很久才回复我。我问起他的情况，他好半天才说，他已经半年多没有工作了，亏了很多钱，之前的幻想都破灭了——因为市场一路向下，他终于明白过来：好像自己在这方面也没什么天分。

“刀哥，如果有可能，我多希望当初自己见好就收，没有头脑发热啊……”

我想起自己曾经经历的那些事情，主动跟他说起。我告诉他，虽然这波下跌是前所未有的，但是熊市之后迟早会转好，还是不要着急。

但是这样的话他已经听不进去了。没多久，他意兴阑珊地告诉我，他已经把所有的股票都卖了，亏了一大半。亲戚为此还跟他翻了脸，他也不知道该怎么办。

可是，就在他卖出没多久，大盘扭头向上，一年后重新回到了 3000 点。因为对此前遭遇印象太过深刻，王飞一直担心重蹈覆辙，再也没有入场。

08

这之后，王飞再也没有跟我联系过。我不知道他后来去哪里工作了，也不知道他有没有重新开始投资——MSN 消失之后，我们彻底失去了联系。

从 2009 年到 2016 年，很多年过去了，中国投资市场起起伏伏，再度经历了几个牛熊交替，包括 2015 年夏天和 2016 年初的股灾，很多人受伤，但依然有很多人坚持了下来。

但我一直不知道王飞的情况。

到了 2017 年，因为在网上连载“聪明女人会理财”系列文章，很多以前从来没有过投资经验的年轻读者开始了他们的投资经历，并且在不到一年的时间里就有所收获。

一个年轻人很兴奋地说，他准备在股市里尝试一下。我忍不住劝他谨慎些，就像当初劝王飞一样，也不知道他听进去了没有。

这让我想起后来无意中翻到彼得·林奇那本书的情景，那时候我才发现书里的后半部分内容对文章开头的那段话有一个解读：

一开始投资就亏损，会让投资者越来越谨慎；而一开始就赚钱，则会让很多人失去对市场和风险的敬畏之心，认为自己无所不能——而在比赛活得长而不是活得好的投资市场中，后者永远比前者危险得多。

但这话，有些人能够听进去，有些人却只有吃了亏后才能听进去。

可是，有些亏吃着真是惨痛啊！

第四章

没钱？别着急，我们迟早会有钱的

- CHAPTER FOUR -

有钱人，没钱人

很多年轻人的金钱观念幼稚得可怕，那是因为父辈很少心平气和地谈钱和贫富这个话题。

在中国传统观念中，钱是“阿堵物”。但到了光怪陆离的真实社会，钱却又成了“万能钥匙”。

有关钱的问题，实在是一个太容易激发讨论兴趣的话题——一方面，很多人在幼年、少年时很少会从父辈那里得到关于金钱的正确观念；另一方面，很多人在青年、中年时遭遇的都是与钱有关的问题。

比如，“我们家有钱还是没钱？”这样一个猝不及防的问题，可能你也曾经遇到过。

01

那天放学回家，小朋友忽然问了个问题："爸爸，我们家有钱还是没钱？"

我很奇怪，孩子怎么会忽然蹦出这样一个问题？我就说："咱们家不太穷也不太富，跟大部分人差不多。"

然后，我问他："你为什么会这么问？"

孩子说，班上的同学说住小房子的都是没钱人。孩子一想，坏了，我家住的就是小房子，结果担心了好几天。

我听了后哈哈大笑，因为实在不知道该怎么跟七八岁的孩子解释学区房的概念。

过了几天，小朋友又问了一个问题："爸爸，吃低保是什么意思？"

我很奇怪他怎么会问这个问题，又聊了几句后，才明白事情经过。原来前几天学校要给孩子们统一办保险，同时注明"如果家里有低保证明，费用可以免除"。

小朋友们看到通知单上的这行小字，觉得很好奇，然后就互相询问，一些跟有钱没钱相关的话就这么传出来了。

我想了想才回答他，低保就是国家对暂时有困难的家庭的一种保护，不过一个家庭最重要的不是有没有钱，而是有没有爱，如果在这个家里有很多爱，那就算暂时没有钱，也会很开心；可是如果没有爱，就算有很多钱，也不会快乐。

小朋友虽然未必全部都懂，但是听了之后，神情明显放松了很多。

然后，我注意到，这个年纪的小孩子虽然懵懵懂懂，但是随着生活的变化，已经开始注意“我们家有钱还是没钱”这个问题了。

后来，有朋友说，我这话说得太像童话，离现实太远，现实生活中如果没有钱，哪里来的爱？

这句话说得有一定道理，但是太过绝对。在现在的社会中，大家对钱的关注明显超过了对爱的关注，但那是成人世界的价值观，不应该这么简单粗暴地塞进孩子单纯、善良的脑海里。

而我自己，也曾经经历过有钱没钱的拷问，甚至瞬间觉得自己成长了许多。

02

小学的时候，我们班上有一个同学，她的父亲很早就去世了，留下了一哥一姐还有她。她的母亲做环卫工，靠着微薄的工资养活一家人，同时还要负担他们三个孩子的学费。

因为她家里的特殊情况，学校全额免除她的学费。

我们经常去她家玩。那时候社会整体条件不像现在这么多元化，小孩子都没有贫富意识。我只记得她家里一直用着一台很小的黑白电视机，她穿的衣服，很多也是姐姐穿过再改改给她的。

除此之外，就是在星期日的早上，有时会看见她拿着扫帚帮母亲扫大街。每次碰见她帮着母亲干活儿，我们都会很亲热地和她打招呼。分开后，我妈就会跟我说：“你看看人家，这么小就知道帮助家里分担压力。”

这个同学学习成绩特别好，总在班上数一数二，她自尊心也很强，但并不剑拔弩张，跟大多数同学的关系都很融洽。

我和她的关系也一直很好，后来上了初中，我们依然同班。不过，进入青春期后大家开始有了自己的想法和见解。我们经常会在一起聊天，有一天不知道因为讨论什么问题，我们俩吵起来了，吵得还挺厉害，互不相让。

然后，鬼使神差的，情急之下，我居然脱口而出：“你吃大家的、穿大家的……”——真抱歉，这是真事，当时我真是这么说的。

话一出口，我就觉得不对，但为时已晚。

哪怕事情已过去 20 多年了，我还能清晰地记得她听见这句话时脸上的表情：震惊、难过、受伤……她一下沉默了，走回到自己的座位上，再也不跟我说话了。

之后的两天，她都一直不怎么说话，沉默寡言。我试着跟她道歉，她都当没有听见。

03

之后差不多有半年的时间，她都对我视而不见。

后来我觉得，她难过的很大一部分原因是，我算是她在班上关系最好的朋友，可是我却那样说她——她虽然跟大家的关系也都不错，但是能聊得来的朋友并不多，我算是其中一个。

那半年里，我心里觉得特别愧疚，因为我并不是真的那么想的。

但是，我为什么会在那个时候蹦出那样的话呢？

那段时间，这件事像一块大石头一样压在我的心头。因为没有什么人可以说，我就找了很多这方面的书来看，了解关于富裕、关于贫穷、关于人在贫富间的自处的问题。印象较深的是三毛的那篇《白手起家》。

它们让我逐渐认识到，虽然我对于有钱没钱这件事没什么概念，但潜意识里还是把没钱当成一件可怕甚至是难以启齿的事，这却成了我伤害别人的武器。

半年以后，我又一次找到这位同学，非常认真地道了一次歉。这次，她原谅了我。她告诉我，其实她也知道我不是那么想的。

她并不介意贫穷，但作为一个未成年的孩子，她还是觉得自己家里贫穷是一件可怕的事，而我的话让她想起了那种可怕的感觉。

04

我很感谢她的原谅，使我的那句混账话并没有造成无可挽回的后果。我跟她的关系比以前更进了一步，反而能够说很多当时觉得很深的话。

再后来我们上了同一所大学，各自读了喜欢的专业，一直保持着很好的关系。到了大学，她很早就开始打工挣学费，用自己挣来的钱买书。

她特别能吃苦，暑假的时候，别人都放假了，她却还留在学校打工挣钱。

有一次，我从家里回到学校，看到她正行色匆匆地走在路上，刚刚下班。我说："你别太辛苦啦。"她说其实一点儿也不辛苦，靠自己的能力养活自己，心里踏实。

她后来成了一名大学老师，靠自己的力量在一个大城市里工作和生活，买了房子和车子，有了幸福美满的家庭和一个可爱的孩子。生活好了以后，她把母亲接了过去，现在一家人过得很幸福安定。

写这篇文章的时候，我给她打了个电话，没想到的是，她居然已经完全忘记了这件事："啊，你对我说过那样的话吗？我真的记不得了。"

她忘记了自己的事，却还记得另外一个"有钱"的同学。

05

高中时班上有一位同学，他家里是开煤矿的，非常有钱，经常大手大脚地花钱，买各种名牌衣服和鞋子，然后在我们面前炫耀。他买那些衣服和鞋子所花的钱，无论哪一个都够我们花一两个月。

他这种炫耀并没有往我们心里去，因为那时候的我们脑子里对挣钱其实并没有什么概念，也并不知道什么牌子。但是大家都叫他"有钱人"。

他有个让人印象深刻的特点：嘲笑其他爱读书的人。

他最著名的一句话是："你们读书的这段时间，我家已经挣了好多好多钱了。"——我想这话可能并不出自他的本意，而是他受到父母潜移默化的影响说出来的。

他的成绩很不好，平常也吊儿郎当的。当时每个人都在忙着学习，准备考大学，只有他没把这个当回事儿。

他说过，大学对他来说就是手到擒来，因为他父亲的意见是大不了就给他找个自费学校去读。反正现在有钱就能上大学，而且还可以选择最好的学校里面最好的专业，比我们埋头苦读还要参加千军万马过独木桥的高考要好得多。

后来，他真的自费去读了一所很有名的大学里面很有名的专业。但就在他读大学期间，他家里出事了：煤矿经营出现问题，父亲背了很多债，不得不宣布破产。

一向没把钱当回事的他怎么也想不到，他居然连新学年的学费都交不起了。

那段时间他到处借钱，甚至找到了我们这些以前的同学。他也想去找一份工作挣钱，可他才发现，他根本找不到合适的工作，就算找到了也不知道能做什么。

总之，就是靠他自己的力量完全掌控不了生活中突如其来的变故。

那段时间他的情绪特别不好，经常失控，找各种人哭诉。有一次喝多了，还大骂现实冷酷。同学去劝，他就转头骂大家都不帮助他，太现实。

再后来他就退学了，之后这么多年，再未见过面。

对，东山再起、力挽狂澜这种故事，常常发生在电影、电视剧当中。生活中就算有，也是凤毛麟角，而我们大多数人是普通人。

我们的教育，有两个方面一直缺失，一个是生命教育，另一个是

财富教育。

很多父母很少直截了当地告诉孩子生命是什么、死亡是什么、健康是什么。

财富教育也是这样，很多中国父母在孩子读小学、中学时最常说的一句话就是“你只管好好读书就行了，钱的事儿不用你操心”。

但是孩子一旦大学毕业进入社会，父母的口头禅便会变成“你现在才能挣多少钱呀，赶紧想办法多挣点钱”。

从一个极端走向另一个极端，中间只有大学那短短的 4 年——这 4 年就能实现从地上到天上的腾飞吗？做梦。

钱是财富，但财富不只是钱——如果从小就对财富没有正确的认识，对如何实现财富增值没有正确的理解，就算完成了大学教育，又如何能够很快实现财富增值呢？

你看到那么多年轻人在金钱观念上幼稚得可怕，那是因为他们的父辈很少心平气和、坦坦荡荡地谈到钱和贫富这个话题。

再说说我那个曾经家庭条件很不好的同学，那天在电话中，她说她家孩子也曾经问过她“咱们家有钱还是没钱”的问题。

她是这么回答孩子的：

每一个家里的钱，其实都是父母的。有些人家里有钱，但跟他无关，因为是他父母挣的；有些人家里没钱，也跟他无关，因为那同样是父母挣的。这些都不属于他，所以不要拿不属于他的东西来比较。

如果真的要比较，那就比较自己，比较你们是不是能靠自己的力量得到想要的东西。

毕竟是当老师的人，这是我听到的关于这个问题最好的答案。

谁说玩网游只会花钱，当年我还赚过月供呢

这个世界上很多事情的道理都差不多，比如思考和实践。在赚钱这件事上也是如此，你在生活中可以赚钱，在游戏中同样可以赚钱。

前段时间我们举行了一次别开生面的聚会，参加聚会的人在 10 年前都身处同一个网游中的同一个帮派。

当年我们迷恋的那款网游现在貌似还在，只是已经改成了手游。而那时候为了升级、打怪、副本拼命努力的那群青年男女，现在已经成了拖家带口的中年人。

可时间并没有消磨我们的记忆，10 年后相见，大家还是这么开心。偶尔问起："你现在还打游戏吗？"回答都是："当然，依然那么厉害。"

然后，很多记忆也被翻了出来：

“还记得那次游戏币暴跌的风波吗？”

“还记得那段宠物比人物还厉害的时光吗？”

“还记得那回游戏公司受不了跟我们沟通的经历吗？”

……

都是我们曾经搞出来的动静——现在想起来，那还真是一个寓学于玩的神奇帮派啊！

01

当时我们迷恋的是一款以中国风为画风特点的国产网游——10 年前的手游还很小儿科，轻减版的网页游戏还没出现，主流的网游都需要在电脑上下一个客户端，也有人称为“端游”。

我是因为追某部玄幻原著，无意中接触到了那个刚刚推出的网游。最开始只想着进去看看，后来觉得那款游戏画面很美，便开始试着玩了玩，没想到还挺好玩，就这样一发不可收地玩了下去。

那时候我已经上班好些年了，生活和工作都很平顺，在之前的人生中从来没有对网络游戏“痴迷”过，而这次的“沉迷”让我觉得新鲜又有趣。

时间稍微一长，对游戏的内容和形式逐渐熟悉了，我才发现在游戏里跑来跑去的人绝大部分都是 20 岁出头的小年轻，有的甚至只有十几岁，像我这样已经逐渐走入人生中段的人真是不多见。

可能就是因为年龄和经历的不同，让我在熟悉了这款游戏后，开启了一段很神奇的旅程——每个游戏都有很多NPC，每一个NPC承担着一个责任，比如买卖、冶炼、任务等。

这些NPC里，最吸引我的无疑是“钱庄老板”。

我第一次点进去看的时候，发现钱庄里面一边写着“元宝”，另一边写着“金币”，中间是一个兑换比值——元宝是用人民币充值直接购买的，而金币则是在游戏中打怪掉落的，元宝、金币可以自由兑换。最开始的兑换比值大约是1∶1，后来逐渐变成了1∶1.5、1∶1.8……

看了一会儿，我恍然大悟：元宝是一种货币，金币又是另一种货币，兑换比值就相当于汇率……这不就相当于现实中的外汇市场吗？

在整个游戏的所有功能板块中，钱庄无疑是最吸引我注意力的。

02

那时候玩网络游戏都是需要花钱的，我一直在琢磨：有没有可能在游戏中赚到钱？

因为这个想法，我几乎每天都会去钱庄看看，很快就发现元宝对金币的比值在不断上升。这其实也很正常，元宝相当于真实的人民币，金币则是在游戏里挣出来的钱，随着游戏时间的增加，金币当然越来越不值钱。

但很快我发现，元宝也有贬值的时候，特别是每个星期游戏更新之后，一大批只有用金币才能完成的新任务上线，很多游戏玩家为了完成任务，纷纷开始用元宝兑换金币，金币的价格也因此回升，升值幅度至少是20%。

发现这个规律后的那个星期，我在游戏更新前把充值的元宝全部高位换成金币，等到更新后金币升值的时候，再高位兑换成元宝，这一来一去，利润达到了25%。

这次意外的尝试让我确认，打游戏其实也是可以赚钱的，并且因此缔结了一段神奇的缘分。

在一次打副本的过程中，我认识了老狼，他当时已经是一个满级大号，建立了一个帮派，有七八十人，绝大部分都是满级玩家，在当时的服务器里算是不小的势力。

有一天，我跟老狼说起钱庄兑换赚钱的事，他大吃一惊："你这个方法，我怎么没有想到？要不你加入我们帮派吧，专门负责赚钱……"

要知道，那时候我不过是个不起眼的新人小号，而老狼所在帮派已经是服务器前10名的大帮派了。他的这个邀请让我受宠若惊，我没多想就答应下来。

自从参加了这个帮派，我才渐渐明白为什么那么多人会酷爱网络游戏——现实世界里无法实现的打打杀杀，在这里都可以坦然行之；现实世界里你过得灰头土脸，在游戏里却可能受万人敬仰。

但只有一个东西是一样的：你要有钱。不仅玩家需要有钱，帮派也是一样，每天副本的门票、帮派建设都需要花钱。如果不花钱，别人来攻击的时候，你就很容易被击溃，在服务器中的排名也会大幅下降。

而我就专门负责为帮派赚钱。

03

最开始帮里的其他人对老狼的这个举动不以为然，特别是帮里几个花钱“大佬”，也就是人民币玩家——据说他们每个月都要花好几千块钱在这款游戏上。

但对于绝大多数人来说，并不具备每个月花很多钱在一款游戏上的实力。

起初赚钱的思路很简单，就是大家把充值的元宝集中起来，在高点兑换成金币，等金币上涨后再兑换成元宝，依靠一涨一跌，赚取中间利差——这个利差好的时候可以超过 30%，普通的时候也可以达到 20%。

在现实世界的经营活动里，如果利润率能够达到 20%—30%，那已经是非常好的情况了。

最关键的是，以前一个人赚的钱有限，现在几十个人把钱放在一起，赚的钱就不少了——第一个月有二三十个人参与，最后一算账，赚了 3000 多个元宝，也就是 3000 多块。第二个月参加的人数增加到了 40 多，赚了 7000 个元宝。

原来那几个对此不以为然的“大佬”也忍不住怦然心动。到了第三个月，他们也加入进来，那一个月赚了 15000 多个元宝。

无独有偶，这个时候正好有个专门做游戏充值交易的网站上线，人气很旺，我就把这些赚来的元宝以低于市价 20% 的价格挂牌卖出，扣除网站 10% 的手续费，剩下的就变成了真实的人民币。

第一次挂单的时候，其实心里也没把握。大约到了半夜，隐隐约约听见手机接连响起“嘀”的提示声，下意识地拿起来一看，出现“人民币 ×××× 元已经入账”几个字样，瞬间睡意全无，抱着手机傻笑了半天。

帮派里第一次线下聚会，用的就是这笔钱。那天来了很多人，我第一次见到那么多“熟悉”的网友，他们中的大部分人都很年轻，有的才刚上大学，我这样年纪的很少见。

但当他们知道我就是那个负责赚钱的“大管家”的时候，纷纷说道：“对对对，会赚钱的就应该是你这个样子！”

啥意思啊？

04

不过，好日子刚刚过了几个月就到头了——其实也怪我们太过贪心。因为连续 3 个月都有的赚，几个“大佬”一下拿出了很大一笔钱，准备继续赚钱。

没想到那次服务器更新的时候，并没有上线金币任务——更新后，金币短时间内持续大跌，“大佬”们换的金币迅速贬值，几个小时就跌了 20% 左右。

我见状不好，一边把手里的金币出清，一边让他们也赶紧卖出。因为现在不卖，下次更新后谁知道会跌成什么样。在现实中的投资市场里，这叫“及时止损”。

可他们觉得这么短时间内就跌了那么多，有点心疼，想着也许第二天会有所好转。没想到第二天金币价格又跌了30%，大佬们这才赶紧出手。可他们投入得实在太多了，就算把钱庄中所挂的元宝卖单全部扫清，也依然不够。

几个“大佬”损失惨重，而我侥幸逃过一劫。

经过这次遭遇后，我意识到单纯通过钱庄兑换差价赚钱其实风险很大，毕竟背后还有个游戏公司在运营，谁也左右不了运营方的意志，这叫“不可控力”。

那么，除了这个，还有什么其他方法可以赚钱呢？

正巧那段时间游戏里推出了可以帮主人打怪的宠物，宠物除了自身能力成长之外，还可以像角色那样使用装备。但和角色装备可以用钱购买不同的是，宠物装备只能自己采集材料制作而成。

于是，我便开始琢磨起宠物装备，养了好多只宠物，不为别的，就是为了找各种材料，然后把材料做成各种各样的宠物装备。一个月后，我终于达到了可以为所有种类的宠物打造全部装备的水平，并且仓库里囤积了大量装备材料。

我给自己的宠物打造了一套顶尖的装备，这套装备是我在这一个月里优中选优做出来的，加成甚至高过角色装备。然后，我参加了一次全服斗技。当时我的角色和宠物都还没满级，而对手早就已经满了，还带了个也已经满级的宠物。

当我放出宠物的时候，他还有些不屑一顾，结果还没等他的角色开动，我那个有一身稀有装备的宠物就冲了过去，咔嚓咔嚓把他的角色给灭了。

“你这是……什么鬼！”

05

验证了稀有宠物装备的威力后，我开始在城里摆了个摊，专门卖高级宠物装备——由于那时候大部分人的注意力都在角色装备上，根本没有人做宠物装备，摊子摆出来20分钟，20件装备全部卖光。

至于单价嘛，因为没有参照价格，我就随便按照每件约合10块钱人民币的游戏金币价格定的，后来因为太抢手，涨到了每件相当于20块钱人民币。在现实世界的经营活动中，这叫拥有核心竞争力和定价权。

一个月之后，我把所有卖宠物装备所得的金币换成元宝，再在网站上卖出，换成人民币，前前后后赚了2500块——那时候我一个月的房贷也才2200块。

后来，其他做宠物装备的人也逐渐多了起来，我又开始专门做更高级的星级装备；等别人也开始做高级的星级装备后，我又开始做顶级宠物装备。我那只大胖宠物熊时不时就会穿着一身顶级装备跟人打架，赢了之后我就在世界频道喊一嗓子，顺道给自己做个广告。

这样的网游经营生意，我前前后后做了一年。每当一个赚钱的营生没落了，我就开始琢磨还有什么方式可以赚钱，然后不断地尝试。那一年中，我经营过的生意包括：钱庄汇兑、宠物装备、稀有材料等，成了帮派的财务总管。

不仅我这样，我所在的那个帮派的所有人都被我带着走上了“勤劳致富”的道路，那段时间我们真的赚了不少钱。

你还别说，有钱了之后，帮派实力迅速扩大，很短的时间内，我们帮派就从原来的全服前十爬到了前五，最后又进到了前三。

这些钱除了用来进行内部建设外，还用于定期聚会，各种吃喝玩乐。现在想起来，只有一个深切的体会：嗯，钱真是人类进步的阶梯啊！

06

2008 年，因为被调去忙北京奥运会的事，我逐渐远离了那款游戏，只是偶尔在博客或者其他网站上写当时打游戏的各种趣事。

我走之后，帮派里的朋友们经常问："你啥时候回来啊，财神？"我说："我哪儿知道，我也很想回来赚钱！"

后来工作之余，我开始在网上写"如何在网游里赚钱"的故事，被我们报纸财经版的同事看见了，觉得很有趣，还专门跑来采访我。开始他们以为我赚的钱不多，但当他们知道我打网游每个月赚的钱都够还房贷了的时候，觉得非常惊讶。

也因为这段经历，让我逐渐改变了对"网游只会浪费时间"的固有看法。其实，网游中的很多环节跟现实生活很像，只要肯动脑子，仔细琢磨，都能琢磨出点门道来。

又过了好些年，有一次在《职来职往》舞台上，我忽然看见了一个熟悉的公司名字，正是那款网游的运营公司——那期节目是他们的专场。

在录制节目的时候，有人提问说："很多人将太多的时间浪费在了游戏上，作为游戏运营公司，你们的社会责任感在哪里？"

这个问题一出来，运营方顿时有些尴尬。

我忍不住插话，讲了我自己打网游的这段经历。我深有感触地说："任何事情都需要有度，过度都不好。但对于成年人来说，学会从另外一个角度看事情，学会动脑筋，可能会更有益处。"

对方听了我的话，都觉得很神奇。但更觉得神奇的是我，因为回想起来，那段时间的经历就好像在提前预演我后来的人生一样。

大部分人创业都只是在过家家——我目睹的佛、魔、神系创业

对很多人来说，“创业”常被他们当作解决工作或者生活问题的方式，可是绝大多数你在工作或者生活中解决不了的问题，创业的时候照样解决不了。

那天有个朋友说，他想创业，问我有什么建议。

别的话题我都能滔滔不绝地说个不停，但是当我听到“创业”两个字时，立即闭嘴了。但他不罢休：“刀哥，你见多识广，说说你的看法呗。”

逼得我没办法，只好扔出一句：“你想创你就创啊，不用听别人的建议。”

他说：“但我心里没底啊……”

我说：“没底你创个什么业？”

他说："但是我心里真的很想创业啊。"

我说："那你想创就创啊，不用听……打住打住，怎么说来说去成了车轱辘话？"

不过真要说起来，这几年我还是接触了一些跟创业有关的人和事，一想起来就觉得印象深刻，甚至忍俊不禁。

为了表达得更清楚，索性以佛、魔、神系来简单地做个创业类型划分。

01

佛系创业——不争不抢，坐等业务从天而降

我一个朋友 A 的真实经历，特别有趣。

这个朋友在原来的领域做得非常不错，人也非常有才华，一直被同事追捧着，领导对他也特别器重。他在那个单位工作了 5 年，成绩斐然，没承想忽然遇上公司业务调整，他所在的部门需要全部转岗。

A 心高气傲，觉得他业绩斐然，凭什么要转岗啊，一生气就选择了辞职。辞职之后闲了一段时间，然后就趁着手里还有点积蓄，决定创业。

因为在之前的行当耕耘了几年，已经有了一些经验，所以他创业的方向还是在原来的领域。他找了一个昔日关系不错、业绩也不错的同事聊这事，两人一拍即合，当即决定合作。

经过一段时间讨论业务方向、注册公司、找办公地点，A 的创业

公司终于开起来了。这个公司只有 A 和他那位前同事，办公面积倒有 200 平方米，整个屋子空空荡荡的，但是感觉很不错。

公司开起来了，照理说就要开展业务了吧，这时候 A 和那位前同事却谁都不想往外跑。

A 的想法很简单，以前都是别人追着他做业务，现在他创业了，那些客户自然也会跟着过来；他的那位前同事的想法和他的想法也差不多，两人每天就闷在公司给以前的客户打电话。

客户一听他们创业了，先是恭喜，然后就说还是要跟以前的公司合作。A 一听便有些郁闷，也有些生气：以前的项目哪次不是他做的，现在他离开了，以前公司的人能处理好吗？

后来我问他："你怎么也不出去见客户啥的。"

A 说："有啥好见的，他们还是想和以前的公司合作。"

我说："那你就想想办法开拓新客户啊。"

他说："新客户沟通起来太麻烦，我还是先把以前的客户捡起来吧。"

但是他所谓的"捡客户"的方式就是打电话，而且一旦被拒绝或者对方态度不坚决，他就有些受挫，不再继续跟进了。

到了第二个月，两个人干脆连电话也不打了，坐在那里打游戏。到了中午要吃饭了，明明两个人面对面，却都不说话，而是在网上问对方："吃饭去吗？"

到了第三个月，两人依然一单没开，每个月的房租、水电费倒没少交。两人心里也急，但也没啥行动。

后来，他们那 200 平方米的办公室成了我们一群狐朋狗友打麻将的地方。

麻将又打了三个月，A 把公司关了，一单没开还亏了一大笔钱，然后又找了个公司上班去了。

后来，A 把那段创业经历定义为“不争不抢、不冲不跑、等着天上掉业务式”创业。用现在的流行语来说，这就是“佛系创业”。

02

魔系创业——想哪儿是哪儿，眉毛胡子一把抓

和 A 相比，B 就要积极主动多了——B 原来的公司业务发展得还不错，但因为他上面的负责人要求比较严，B 跟那位负责人经常发生业务冲突，后来 B 索性辞职选择了创业。

但因为原来的业务基本不是创业公司可以切入的，所以 B 想来想去，决定进入房地产行业——是的，你没听错，B 决定进入房地产行业，而他以前在一个互联网公司工作。

我当时很惊讶，房地产行业资金体量那么大，他一没资金二没人脉，做什么不好，干吗要去做房地产？B 却听不进去：“我总不能再回去打工吧。”

然而，过了一段时间，我才知道 B 和几个人合伙开了一个房屋中介公司——对，就是你通过他们租房子，他们收取一定的中介费。这好像和他以前做的事情没什么关系，跟正经的房地产行业貌似也没啥关系。

然后，B 的网上状态就成了各种带人看房子。关键他本来就是个路痴，对这个行当也不熟，折腾了好久也没开单，整个人就从原来的兴致勃勃变成了蔫头耷脑。

我问 B 当初是怎么想的，他说那几个合伙人以前是做这个的，几个人一琢磨就琢磨出来了。

后来，政策变动，引发租赁市场寒潮，连大型房产中介连锁企业都开始不断关店，像他们这种创业型公司的经营状况可想而知。没多久便入不敷出，关门大吉。

这次“创业失败”之后，B 陆陆续续又有过两三次创业经历，分别是代理 IT 产品、开送餐公司等，每个业务之间都隔着十万八千里。问他为什么干这个，都说是临时想的，但都不懂，也没什么资金力量投入，结果可想而知。

那两年时间 B 就在各种折腾，周围的朋友一直劝他还是找个工作再积累些经验，他都听不进去。有一天深夜，他忽然给我打电话，兴冲冲地说：“我又有了个想法，你听了一定觉得不错。”

我说：“啥啊？”他说他想开个网红甜品店。他认识一个小伙伴，特别喜欢烘焙，做的甜品也很不错，如果把这个概念打造成“网红甜品”，一定能赚钱。照理说这个想法也不是不行，这年头有一技之长就是机会。

我就问他准备怎么推进，没想到他说：“那个小伙伴负责做甜品，你不是微博粉丝多吗，可以把这些甜品卖给你的粉丝啊……”

我听了一脸蒙圈：“啥？那你……干啥呢？”

B 一愣，对啊，他干啥呢？就……负责收钱？

最终，我毫不客气地把他这个想法扼杀在了摇篮里。B 还觉得有些委屈，认为我没有帮他。

之后有好一阵子没看见 B，听说他又回公司上班去了，因为……没钱了。

03

神系创业——做什么不重要，融资最重要

C 是一个学金融的妹子，人很年轻，是个 90 后，大学毕业后在一家创始人名气很响的公司做市场营销方面的工作。

这家公司很神奇，除了零星的业务，并没有其他值得一提的成就，但这并不妨碍这家公司的创始人在各种公开场合滔滔不绝地抛出各种理念、模式以及新词，用各种让人眼花缭乱的 PPT 获得了好几轮融资。

这一切深深地感染了初出茅庐的 C，她对创始人一通炫目的演讲之后就能得到大笔投资的方式佩服得五体投地。尽管周围一直有人批评说，这种只讲宣传不讲业务的融资方式并不能够长久，C 却依然对此深信不疑。

毕竟，的确有一轮接一轮的真金白银进了这个公司。

忽然有一天，C 觉醒了，她认为自己也可以用同样的方式做出一番事业。当时很多人劝她慎重，因为她工作时间太短了。结果她直接甩出来一句："你看 ××× （就是那个一度闻名遐迩的 90 后创业者、曾经获得巨额投资的女生），她都能做到，我为什么不能做到？我难道还不如她？"

C 还真说干就干，辞职、做方案、见各种各样的人，没多久就整出一套华丽丽的 PPT。

然后，她直接拿着这套 PPT 参加了一个种子投资项目会，还站上台将自己未来的创业方向做了一番描述。虽然她没有太多经验，却见过前老板多次在类似情况下慷慨陈词，并且努力做得像那么回事。

结果是：她还真的拿到了一笔 30 万元的种子轮投资。

那天她高兴极了，认为这 30 万元就是对之前质疑自己的人的最好回应。但是当 C 等着钱入账的时候，投资人却给她提出了一系列要求，比如明确业务方向、推进时间、人员框架等。C 却不以为然，认为“30 万元哪够啊，现在最重要的是赶紧进行下一轮天使轮融资”。

说实话，那天她兴奋地说这话的时候，我都震惊了，真心觉得现在的小朋友们好敢想，两周前才拿到 30 万种子轮，现在就直接准备天使轮。我问她：“那你这估值……”

她自信地说：“种子轮我报的估值 100 万，现在看起来太少了，天使轮我决定估值至少提高到 500 万！”

然后，她真的这么做了，在没有开展任何实体业务，也没有相应的市场调研的情况下，光凭着几个光彩夺目的 PPT，继续在一些投资论坛上宣讲她的创业计划……

有一次，另外一个朋友劝 C，还是应该脚踏实地，结果她很不以为然地说：“你们那种想法都太老土了。要知道现在缺钱吗？不缺，想投资的人一大把！缺什么？缺好项目！我这就是好项目！”

按照 C 的计划，在搞定天使轮之后可以适当地开展一些业务，然后马不停蹄地准备 PRE-A 轮融资、A 轮融资……“只要钱源源不断地进来，我的创业梦想就一定能够实现”。

我们听得真是目瞪口呆，没有实体业务，只靠一轮接一轮的PPT宣讲，真能吸引来一轮接一轮的融资吗？

她那种不靠实体业务、只靠PPT宣讲融资的创业，是为“神系创业”。

04

为什么那么多人把创业当成解决问题的药方？

这一直是最近这段时间让我百思不得其解的问题。

可能是我已经不年轻了，在我的认知范围里，创业是经验、人脉、金钱积累到一定阶段后对事业进行进一步拓展的做法。相比一般工作，它更高级，但也更艰难，面临的挑战也更大。

但是，在我最近这些年接触的年轻人中，很多人却把创业当成了解决问题的药方——

业务没什么进展，干脆创业吧；

人际关系没处理好，干脆创业吧；

认为钱赚得太少了，干脆创业吧；

觉得工作没意思了，干脆创业吧；

……

对很多人来说，不管在工作上遇到什么问题和麻烦，都可以用“创业”来解决，可是绝大多数你在工作中解决不了的问题，创业的时候照样解决不了。

以前业务没什么进展的，创业之后业务多半会更差；

以前人际关系没处理好，创业之后可能更处理不好；

以前认为钱赚得太少了，创业之后多半会赚得更少；

以前觉得工作没意思，创业之后会发现更没意思；

……

前面讲的 A、B、C 其实都是这样，他们原始的创业动力并不足，A 是因为部门调整，B 是因为人际关系，C 是因为临渊羡鱼，创业对他们来说完全是一种被动行为，这直接导致了他们的创业就像过家家一样，充满了让人啼笑皆非的意味。

补充一点，C 靠 PPT 宣讲争取天使轮投资的时候，她非但没能使自己的公司估值达到 500 万，反而还被种子轮投资人追讨被挪用的投资款，因为她原先承诺的事一件都没有做到。

C 因此销声匿迹了好长一段时间，后来听说她重新去了一家公司，继续打工赚钱还债去了。

佛、魔、神系创业，卒。

没有投资经验，如何度过小白时光

不要因为不懂就不去学习，恰恰相反，每一个了解的过程都可能是一次提升自己的机会。

不要因为收益不高就不坚持，你收益不高的很大原因是你投入太少。

自从开始连载“聪明女人会理财”系列文章以来，明显地带动了读者群的投资理财风气——读者群里，城市人居多，年轻人居多，工作 5 年内的人居多……正是开始投资理财的好时机。

而现实中的大部分读者，除了工作和生活，对投资理财了解得并不多，所以我写的文章更多的是针对小白的，比如，关于女生理财的“傻瓜菜单”，理财半年后的收益总结……

到现在这事已经进行了 9 个月了，上个星期我忽然收到一条短信，说基金要分红了。

01

我是在手机短信里看到基金公司发来的分红信息的：×× 基金准备每份分红 0.22 元。然后，我顺手把这条信息发在了读者群里，结果……群里马上炸了。

很多人第一反应居然是：基金分红是什么意思？

我说，就跟你存钱有利息、理财有收益一样，买基金到了一定时候也会分红啊。然后，这话就如同一瓢冷水浇进一锅热油里一样，群里顿时就热闹起来了。

有人问："啊，我以为基金净值上涨了就算赚钱了，没想到基金也会分红，这也算赚钱了吗？"

我说："是，净值上涨了当然算赚钱，但是那些只能算纸面利润，基金分红相当于把利润变现，落袋为安。"

还有人琢磨："那分红是不是跟买基金的时间长短有关系？我刚买基金几个月，是不是就没法分红？"

我说："不是。只要你在分红日当天持有这笔基金，不管你买了多久，一天还是两年，都有权利分红。"

还有人问："怎么能看到分多少呢？"

我说："你在哪儿买的就上哪儿看啊。"

……

各种问题，基本都是小白级别的人会问的问题。有些问题其实我过去已经回答了不止一次了，但她们还是会问，一点都不愿意百度一下。

不，也有的去百度了，结果发现看不懂，哈哈哈！读者群里的热闹顿时让我想起自己刚刚开始投资理财的小白时光。

我大概是2002年开始迈入投资市场的。那个阶段生活已经稳定，工作也日渐平顺，对自己有点信心，但是面对未知的未来，却又信心不足。虽然收入稳定，但是面对那些想做而又不能做的事，又觉得收入不够多。

我当时也不知道怎么脑门子一发热，就去单位楼下的证券公司开了个账户，买了两只股票——那时候啥也不懂。我们报社的报纸不是每天都有财经证券的内容吗，我居然也没问财经部的同事，看了两篇报道，就随便买了两只股票。

对，这不是开玩笑的，真是这样的，甚至连买的是啥我都忘记了。开始我还每天看看，但是看着股票上上下下地浮动，也看不明白是怎么回事儿。后来工作一忙，就给抛到后脑勺了。

等几个月后想起来再去看，我的天啊，已经亏了一多半了！看着亏损数字，才觉得心疼了，然后就问自己："为什么会亏呢？"

后来，在跟财经部的同事聊天时无意间说起这事，人家问："你了解那个企业的经营情况吗？"

我愣愣地看着他："我不是买的股票吗，怎么还要了解企业的经营情况？"

人家一下就乐了："你都不知道买股票就相当于买企业，就敢冲进去？啥都不知道就去买股票，活该你亏！"

同事这么一说，我才恍然间觉察出自己的问题：可不是吗，我不仅连股票和企业的关系都不知道，甚至连很多关于投资理财市场的基本概念都不知道，就买了股票，然后就亏了……

我同事说得好像是有点道理啊。

02

其实很多投资理财的人刚开始进入市场的时候都是这样的，要么心血来潮，要么道听途说。至于进去之后的结果，有的亏有的赚，亏了的不知道是怎么亏的，赚了的也不知道是怎么赚的。总之，就是稀里糊涂、莫名其妙地迈开了人生第一步。

迈出第一步当然是好的，不过总是糊涂可不是什么好事。意识到这一点后，我就找了很多书来看——说真的，就算现在进入移动互联时代了，但是对于学习来说，看书还是最简单易行的办法。

首先是学习一些基本概念，然后是分析思路，最后是综合观察。

说起来也好笑，我之前一直觉得自己对数字不那么敏感，对财经领域也并不感冒，翻到报纸的财经证券版都会立马翻过。也不知道是被那笔大额亏损刺激的，还是因为有不服输的劲头，总之，后来我居然学会了观察趋势变化、看企业财务报表，做一些简单的分析。

当我学会了这些基本知识后，再回头看那几年的投资，才发现自己犯了好多明显的错误：

（1）对要投资的产品一点不了解，对这只股票代表的企业是做什么的、近几年发展怎么样、在行业内有什么机会以及有什么风险一概不知。

（2）除了对具体产品不了解之外，对整个经济形势也不了解，更不用说哪些行业好、哪些行业发展不好了。

（3）对自己投资理财的目的不明确。虽说理财就是为了赚钱，可是究竟想赚多少钱，是总共赚这么多钱，还是每年都赚这么多钱，也从来没有考虑过。

……

我就是这样，在几乎什么都不懂的情况下开始投资理财的，并且“成功”地亏了一大笔，然后才回过头来检讨自己，发现了上面的这些问题。

03

之后的一段时间，我每天除了工作之外，还会专门花时间将学到的东西拿到股市上去验证。

要问我有没有收获，当然有，而且收获不小。但是。很快问题就出现了：

买卖股票很多时候是需要看盘的，每天大盘上午 9 点半开市、下午 3 点闭市，其实也是一天中工作最忙碌、最紧张的时间。看盘不仅容易走神，也容易影响工作，而我总不能为了炒股不管不顾工作了吧？

这时，又一个问题蹦出来了：

对于我这样有固定工作的人来说，炒股是不是最好的投资理财方式？

如果说前面说到的那几个问题只是基本层面上的问题，那么这个问题就是进阶问题了，对这个问题的思考让我受益了很多年。

我仔细考虑了一番后，给出了否定的答案：

（1）我的工作本来就忙，尤其是白天，花太多时间去炒股看盘，对还需要继续学习和积累经验的我来说实在是舍本逐末。

（2）就算炒股可以赚钱，但是也同样可能亏钱。而在职场上，只要你自己不出大问题，基本都是稳步上行的走势，收入会逐步提高。那还有必要舍弃逐步提高的收入，而去投入可能亏也可能赚的炒股吗？

（3）有句老话叫“世上最难人赚钱，世上最易钱生钱”。既然刚才说的那些方式有矛盾，那就换一种能让钱自己赚钱的理财方式。

这就是我后来放弃炒股、选择基金理财的原因。

我当然知道股市赚得多，但是一旦出现股灾，亏得也多。从 2002 年到 2017 年，整整 15 年间，中国股市经历了多少轮牛市，同样就经历了多少轮熊市；有多少次疯狂上涨，就有多少次惨烈下跌。

但对于每一个有稳定工作的人来说，只要你自己尽心尽责，就一定能获得稳定的收入。

所以，当我彻底走出理财小白阶段的时候，我就告诉自己：

（1）不需要每年利润翻倍，只要高于通货膨胀指数，就心满意足。

（2）不需要苛求在最低点买入、在最高点卖出，只要在次低点买入、在次高点卖出，就心满意足。

（3）不需要某年拿出很大一笔钱去投资，只要每年都拿出一部分钱去投资就行，关键要能坚持下去。

（4）不需要去跟任何人比较，只需要比上一年的自己好就可以了。

……

04

很快我就意识到了这种投资方式的优点——我再也不用盯着大盘，担心第二天的股市会跌，每天患得患失，而是该干吗干吗，努力工作，认真健身，又有了充裕的时间。不过，我唯一保持的投资习惯就是每个月将固定数目的钱投入基金中。

就这样过了整整 15 年。这 15 年中，中国股市起起伏伏，出现过疯牛上涨，出现过半夜鸡叫，也出现过大盘近乎跌停的股灾，伤过很多人的心。

很多朋友被伤了之后彻底放弃了“高风险、高收益”的股票，转向“低风险、低收益”的固定理财产品，甚至连基金定投这种可以最大限度地规避风险、摊薄成本的投资方式也放弃了。

就我自己而言，尽管经验比以前丰富多了，但我还是不愿意把大把时间放在单纯面对股市上，这件事还是交给更专业的人去做吧。相比之下，我更愿意工作赚钱，然后继续投资。

这 15 年坚持下来，最早那笔亏损的钱早就赚回来了，而且还获得了超过我预期的收益。

当然，收益只是其次，最让我安心的是，我发现自己终于有了让家人适应变化的能力，这变化包括但不限于生、老、病、死。

前段时间，有个朋友的家人突然得了急病，他写了一篇文章，告诉其他朋友要多存一点钱，以免人到中年遇到事情束手无策。这个建议真是真理啊。

年轻的时候觉得天大地大，但是随着年龄的增长，逐渐明白人的时间和能力都是有限的。所以，我们应该在有限的时间和能力范围内，为自己和家人构建更好的城堡。

我也希望看我文章的朋友们记住这个建议：虽然我们的人生中不是只有钱，但是如果你没有钱，就会失去很多机会，更会失去抵御风险的能力。

前段时间我写了一篇文章，其中有个读者的一段评论让我印象很深：

有钱人家的孩子最大的特点其实是情绪稳定，这种稳定有助于他们做很多事。

这句话说得的确很正确，换作一句俗语，就是“钱是人的胆”。每个人都想淡定，都想从容，也都想临危不惧，但要做到这一切，就必须投入足够的金钱，以获得相应的知识、经验。

不过，即使你自己还处在理财小白阶段，也一点都不可怕；没有投资经验，也一点都不可怕——因为我自己就是这样一个例子。

你只需要记住以下几点，就能安然地度过小白时光：

（1）不要因为不懂就不去学习，恰恰相反，每一个了解的过程都可能是一次提升自己的机会。

（2）不要因为收益不高就不坚持，你收益不高的很大原因是你投入太少。

（3）不要因为有所亏损就胆战心惊，相比现在可见的亏损，未来

生活中不可预测的风险才更可怕。

（4）不要总想着最好的结果，我们都是普通人，有次好的结果，我们也可以欣然接受。说不定，将连续 15 年的次好结果累计起来，就是一个最好的结果。

你们说，是不是这样？

没有付出代价的觉悟，就不要开口借钱

稍微有一点财富观念的人就会明白这一点——我们不是比谁跑得快，而是比谁跑得长。

上大学之前的一天，父母忽然跟我郑重地谈了一次话，内容无非是注意安全、待人接物要有规矩等。谈到最后，他们忽然说到了一个话题：钱。

总结起来大概有以下几点：

（1）有多少能力做多少事，不要打肿脸充胖子。

（2）超出你支付能力的事不要去做，更别抱着赌一把的心理去做。

（3）尽量靠自己解决问题，有解决不了的问题跟家里人说，不要向外人开口。

在那之前父母从来没有如此认真地跟我谈过跟金钱有关的话题，这让我觉得既新鲜又讶异。

然后，母亲说了句让我印象深刻的话：“如果没有付出代价的觉悟，千万不要开口借钱。”

当时我觉得很诧异，心想谁能保证这辈子不遇上难处呢，遇到难处向别人开口求助也不行吗？

但是后来我才发现，这句话的重点并不是借钱，而是“代价”。

01

上大学没多久，有一天，一个同学忽然向我借几百块钱，理由我已经记不得了，只记得他说一个星期之后还。

我当时也没多想就借了。没想到一个星期之后，他好像已经忘记了借钱这回事。那时候我的脸还比较嫩，也不好意思直接管他要。差不多过了一个月，他还是没有还钱。

后来我才知道，他不止跟一个同学借了钱，而是三四个，说的都是一个星期之后还，但是都没还。

最有趣的是，在那一个月里，他买了好几件新衣服，还买了一台全新的价格不菲的随身听。另外，他还迅速地交了个女朋友，带着女朋友下了好几次馆子。

有一天晚上，另一个借钱给他的同学忍不住了，开口问他什么时候还钱，他说自己一定会还的，但是现在没钱。

那个同学有些不高兴地说：“你没钱，还买那么多贵重东西，还带女朋友下馆子？”

要是别人，估计听见这话早就脸上发热了，但那个借钱的同学却一点事儿都没有，还笑嘻嘻地说：“这个女朋友就当大家集资帮我找的……”

不知道别人听到这话什么感觉，但对当时刚刚踏入大学生活的我来说，真的只能用“大开眼界”来形容。

后来那笔钱要回来纯属偶然——有一天，不知道怎么的，这事儿传到他女朋友耳朵里了，女生一听就很不高兴，跑去问他，结果他第二天就把钱都还了。

然后，大家就明白了，他并不是没钱，而是喜欢赖着不还。用现在流行的一句话来说，就是“我自己辛辛苦苦借来的钱，凭什么要还”。

从那以后，很多人跟这个同学都刻意保持了一些距离——这付出的是信任的代价。

02

但这件事对我来说，还构不成教训——大二那一年，我遇到了一件直接重塑我的金钱观的事情。

之前我曾经在一篇文章里写过这件事。

读大学的时候，有位老师跟学生们关系一向很好，也经常和学生们一起玩儿，因为这层关系，他的女朋友也跟大家熟悉起来。

有一天，我忽然在校园里碰见老师的女朋友，她看上去急匆匆的，一见到我就问我有没有钱，她家里人遇到点事情，急用钱，第二天还我。

我当时手头只有500块钱，她觉得少，还让我去借。正要出校门的我没时间去借，但并没有多想，便把手头的500块钱借给了她。

到了第二天，我傻乎乎地在约好的地点等了一中午，人家也没出现。我就去问老师，老师奇怪地看了我一眼，说："我已经跟她分手了……"言下之意是，这事跟他没关系。

然后，我就傻眼了。

现在看起来500块钱不算什么，但是放在20多年前，对于一个学生而言，这并不算一个小数目。我虽然不至于因此就山穷水尽，但心里那个气愤啊！

所以，每个成功的人生都有一个被骗的前传——最关键的是，你还拿这骗子没什么办法。这真的不是开玩笑的。

后来知道一个同学的父亲是专业的法律工作者，我就跑去请教他应该怎么办，有没有可能通过法律途径要回这笔钱——听上去是不是特别天真？唉，没办法，哥当年也天真过。

那位叔叔详细听了事情经过后，非常遗憾地告诉我："这事用正常的法律手段几乎解决不了。"他告诉了我几个"解决不了"的关键点：

（1）这是口头借贷，没有借据等确凿证据，如果对方断然否认，我一点办法没有。

（2）就算有借据，也只能依赖对方的诚信来还钱。因为金额太小，去报案都不够立案标准。

（3）当然，还可以选择去法院起诉，可是就为这500块钱……诉讼费可能都不止这么点。

我听了后，心里想——这次付出的是常识的代价。

03

直到我大学毕业，这笔被借走的钱也没要回来——后来，我还真在校园里碰到过那女的几次，她每次见到我就跑。关键是我那时候脸皮还比较薄，不好意思跟她打。

这之后我就真的吸取了教训，也遵从了那位叔叔所说的两条原则：

（1）凡是不熟悉的人开口跟你借钱，一律拒绝——很多人输就输在不好意思拒绝上，可是你们原本不熟，他都好意思跟你开口借钱，你有啥不好意思拒绝的呢？

（2）不管多熟悉的人要跟你借钱，一律写借条——不仅要写清楚事由，还必须写明白还款期限。

我一开始真的不好意思拒绝，怕得罪人，也怕人家觉得我抠门。有一次，文章开头的那位同学又来向我借钱，我下意识地拒绝了他，他似乎早就已经有了心理准备，一点也没生气，啥话也没说就走了。

等他走了，我才反应过来：啊，原来拒绝别人并不会得罪人啊！

再一想，可不是吗，明明是对方有求于我，可为什么反而我自己觉得别扭呢？

但就算这样，我还是付出了第三次代价——如果说第一次算是无知，第二次算是被骗，那第三次就不同以往了，最关键的是，它并没有违背我刚刚说的那两条建议。

那是我工作不久之后发生的事：一个还算熟悉、经常和我在一起玩耍的朋友向我借了 1 万块钱，说是有急用。因为关系比较好，他又主动写了借条，上面写着 3 个月之内还，我就借给他了。

结果，别说 3 个月了，差不多过了 1 年，他也没还。我一问，他就用各种理由推脱。其间他换了工作，去了一家外企上班，据说工资也涨了，但也没有还钱。

两年后，有一天，我忽然心血来潮，杀到他们公司门口，摆出一副地痞流氓的样子，他这才不情不愿地把钱还了。

去他们公司楼下的 ATM 机上取钱给我的时候，他还特别不高兴地说："不就 1 万块钱吗，你又不缺……"

听听，这是什么话——这次付出的是友情的代价。

04

从此之后，关于借钱这事，我增加了第三条原则：

1 万块以上的借款，一律支付相当于银行商业贷款水平的年利息——这一条也需要在借条上写清楚。

别说，这条原则一出来非常有效，顿时挡住了大部分借钱的人——那些能被这一条原则挡住的人，基本都是心口不一或者根本没想过要还你钱的人，包括但不限于刚认识不久、根本谈不上熟悉的人，觉得你有钱就来借钱的人，八辈子不来往、一打电话就是为了借钱的远房亲戚。

而一些真正遇到难处也信得过的朋友，还没等我开口，人家便会主动提出支付利息——收不收是一回事，但这是对彼此的尊重和信任。

换作是我，想的第一件事也是：绝对不能去伤害那些信任我的人。

但这仅限于现实生活中可以接触到的人，而对那些根本不认识也接触不到的陌生人，非常抱歉，这么多年的人生经历告诉我：如果你都不能为自己的生活负责，别人就更没有义务帮你承担责任。

这些人专指那些每天在微博上以各种理由来借钱的人，他们有几个共同的特点：

（1）说的故事各种凄惨，如果不借，他们就没有了活路。

（2）理由五花八门，但主要是因赌博、高利贷以及不懂事借了钱。

（3）金额大得吓人，少则 10 万、20 万，多则 50 万、60 万。

（4）基本都没提用什么样的方式还钱，更别提利息了。

（5）他们对于身份的证明就是身份证号和一个电话号码。

这样的人我在网上挂出来过很多次，有的人对此不理解：你不借就是了，为什么要挂他们？

有这个想法的人都有一个预设的前提：这些人说的是真的。但实际上，他们拿着上面这五条内容去银行借钱，银行会同意借给他们吗？

既然比我们有钱得多的银行都不会借，我们打肿脸充胖子干吗？

退一万步说，就算他们说的这些事都是真的，这人你认识吗？你了解吗？你能确保他以后真的会还钱？别搞笑了！

更好笑的是，有时候我挂了那些特别可笑的借钱私信，对方就会气急败坏地说：“你不借就不借，为什么用这种方式羞辱我？”

这就是你们应该付出的代价：尊严。如果这些人不认为发私信跟一个八竿子打不着的陌生人借钱是一种骚扰，那我也就不觉得挂出来是对他们的一种羞辱。

05

其实人年轻的时候天不怕地不怕，常常认为时间对自己来说是最大的财富，但当我自己走到中年阶段，经历了至亲的生老病死以及生活的波折跌宕之后，才明白：

如果你不懂得把时间转化成财富的方法，或者懂得也没有去做，或者做了也没有坚持，那么时间对你来说，其实跟每天倒在垃圾桶里的废物没什么两样。

所以，如果你听到一个年轻人说时间就是财富的时候，一定要多问他一句：你准备怎么把时间变成财富？

如果他回答不出来，那他就真的在给自己找借口——至少他应该说“努力工作，积累经验，不断让薪酬升级”，这是一个“保底答案”。

而在这个保底答案之上，应该还要有对未来的规划、对风险的把控以及积累财富。

这些都是生活留给我的真实感受，它不同于表面可见的莺歌燕舞，也不同于随手可得的灯红酒绿，反而带着现实的各种冰冷——不管你喜欢不喜欢、愿意不愿意，这个时期都会不期而至。

如果不明白这一点，随着年龄的增长，我们会变得越来越慌，经不起生活的一点点折腾。

也正因如此，我才觉得上大学前父母跟我说的那些话是多么有道理：

你可能会失去一些机会，但至少不会让自己的生活处于失控状态。而稍微有一点财富观念的人就会明白这一点——我们不是比谁跑得快，而是比谁跑得长。

学会赚钱的第一步
是学会别“瞎折腾”

在你还没有学会控制住自己不“瞎折腾”之前，赚钱只是一个美好的梦想。

很多人非常喜欢“聪明女人会理财”这个系列文章，因为可以看到很多自己身上的影子，比如金钱观念、收入规划、理财得失以及风险防范。

其中有很多都是我们共同走过的弯路。

都说“世上最难人赚钱，世上最易钱生钱”，“钱生钱”这件事其实也很考验人。

不止一个朋友告诉我，当他们第一次尝试投资的时候，第一反应是“会不会亏”“万一亏光了怎么办”；当他们第一次炒股时，盯着上下浮动的大盘曲线一看就是几个小时，可是啥也看不懂；当他们第一次买保险时，心里总在嘀咕“这是不是骗人的”……

但更多的人还会面临一种疑惑：我也下决心了，也开始尝试了，但是为什么没赚到钱？

你做了别人建议做的所有事，却没赚到钱……这真的是一个特别有欺骗性的问题。

01

其实更具有欺骗性的是我们自己。

很多金钱意识刚刚觉醒的朋友，在最开始尝试投资赚钱这件事上，常常会听见三个忠告：

（1）首先保证工作和收入的稳定，那才是你一切安全感的来源。

（2）投资的钱最好只占收入的一小部分，这样不至于影响你的生活，比如占 30%。

（3）最好能够长期投资，比如 3—5 年甚至更长时间，能最大限度地规避风险。

在刚开始的阶段，大部分人都会频频点头，说“对对对，好好好，一定这样”，但是过了一段时间后情况就会发生变化。

比如，前两天有个朋友问我：“我买了基金，开了定投，也坚持了一段时间，可为什么我的收益没有别人的高？”

我听了觉得有些奇怪，不应该啊。于是问她：“你是老老实实放着一直没动吗？”

她略有些不好意思地说：“不是。前段时间觉得收益不错，我忍不住把手头的钱全部投了进去，可是后来听别人说会下跌，我有点担心，就把基金都卖了。没想到它一直在涨，我又觉得后悔，赶紧买了回来……”

好家伙，之前的三个忠告至少违反了两个。

不仅如此，在短时间内这么频繁地买卖基金，这一买一卖至少要花去 2% 的手续费，收益当然要缩水。她听了很诧异：“啊，基金手续费这么高吗？”

我说：“你之前买的时候应该都有提示啊。”

她想了想说：“没注意。”

她的做法，其实也是刚刚开始尝试“钱生钱”的普通人的做法：“瞎折腾”。可以这么说，在你还没有学会控制住自己不“瞎折腾”之前，赚钱只是一个美好的梦想。

02

这种“瞎折腾”有几个表现，首先就是毫无征兆、心血来潮地打破原有计划或改变目标。

投资之初，你问他们有什么具体目标，通常你会听到很多不同的答案，比如：我想赚够 20 万；我想长期投资至少 5 年；我想以后用这笔钱来养老。

这其实可以视为三种不同的目标：金额目标、时间目标、用途目标——三个目标中，只要达到任何一个，我们的“赚钱”计划就算成功了。

但是在现实生活中，我们却更容易看到这样的情况：

（1）计划赚够一定金额的，别说 20 万了，一旦赚到 2 万，就经常害怕会跌回去，急忙终止了投入。

（2）计划投资到一定年限的，别说 5 年了，有时候 5 个月没到，看见赚得不多或者略有亏损，便觉得不划算，干脆终止了投入。

（3）计划达成某个目标的，其实远没有到养老的时候，只是道听途说或者心血来潮，便改变了计划。

就像刚刚说的那个朋友，在刚开始投资的时候，分明拍着胸脯说会长期投资，结果刚刚有所收益，便担心会下跌。而她所谓的会下跌并没有真凭实据，只是“听人说”，便贸然采取了行动。

这也是很多初级投资者最容易遇见的情况：制订计划的时候思前想后，格外谨慎，可是打破计划的时候却很干脆，一拍脑门就打定了主意，格外随意。对这种人来说，再周全的计划也没什么用。

这种制订完计划又随意打破的做法，就是最常见的“瞎折腾”。

03

第二种“瞎折腾”就是不去学习、不去研究，却相信小道消息——这也是很多人常犯的错误。

文章开头所说的那个朋友遇到的情况，在生活中一点也不少见。很多人在对投资、赚钱这件事一头雾水、懵然不知的时候还能老实度日，可一旦稍微有所接触或者有所了解后，就像打开了潘多拉的盒子一样，心思立马活泛了，想法也开始多了起来。但这种想法并没有实际经验支撑。

很多事情我们并不了解的时候，常常能够保持一种敬畏之心，而一知半解的时候，便会随心所欲。但赚钱这事从来不以你的个人意志为转移。

我曾经问一位信誓旦旦准备长时间定投基金，但不到半年就停下来的朋友："为什么要停？"

他说："因为听人说股市最近可能要调整……"

"听谁说的？"

"就一个邻居，其实也不是太熟。"

"不太熟你还听他的！你跟我这么熟，怎么也不来问我？"

"我是想，兼听则明嘛……"

"那人投资时间有多长？赚了多少钱？有我赚得多吗？"

"……"一问三不知。

放着一个熟悉行情的、明白的、没有其他要求的人的建议不听，却去相信一个不熟悉行情的、不清楚有没有经验的、不知道是否真有所斩获的人的只言片语，而且据此做出了决定，这也是"瞎折腾"的另一种表现形式。

04

“瞎折腾”的第三种表现就是盲目乐观，头脑发热——这种情况特别容易在初期刚刚有所收获时发生。

几年前，我的一个朋友就遇到过这样的情况：他一开始投资基金，大概买了1万块钱的，当时大盘行情好，几个月赚了10%。

这个收益数字顿时让他很是兴奋，他忍不住算了起来：1万块钱几个月就赚了10%，如果投10万块钱，那不就相当于能赚1万块钱？如果投得更多，那不就赚得更多！

然后，他就把手头的钱都投了进去，包括一笔很快要派上用场的钱。

就在他还做着再赚10%的美梦的时候，股市开始了调整，基金净值也不断下降。这时候，他有些慌了，之前的盈利已经全部回吐不说，还开始亏损了。

他只得咬牙把所有基金都赎回，加上手续费，他在很短的时间内亏损了8%。

更尴尬的是，他刚赎回没多久，大盘扶摇直上，在前期高点的基础上还涨了不少。而这时候他手里已经没有筹码了，只能眼睁睁地看着之前的账面浮亏变成实际亏损，这让他特别后悔。

很多人在赚钱时都会经历“头脑发热”的考验——现在赚点钱多难啊，工资只能按部就班地拿，而能在投资市场里获得收益，谁都会高兴。但别忘了，既然有收益，就有可能会有亏损。如果获得一点收益就能让你头脑发热，那亏损更容易让你手脚冰凉，一冷一热的结果就是手足无措，在慌乱中做出错误的决定。

其实，投资也是一个自我学习的过程——很多人在青少年阶段很少接受财富教育，都是成年以后有了一定经济收入后才开始有投资理财意识的。但这个阶段赚钱不易，生活压力加大，在面对“赚钱”这个话题时更容易惊慌失措。

05

说了那么多“瞎折腾”的表现，回头看看，其实我自己也是从这个阶段过来的。

以前我曾经写过一篇文章，讲述自己是如何开始投资理财的，那真是一次惨痛的教训——工作稳定后，我开始买股票，没想到正赶上熊市。那时候我对投资理财不懂，一上来就开始亏，亏了还舍不得止损，不断投入，结果投入越多亏损越大。

中间还有好几次我听了“小道消息”，总是想赚一把“快钱”，结果从没有成功过。越想赚钱，越赚不到钱，后来在亏损的泥泽里越陷越深。

我开始反思自己是不是什么地方做错了，想来想去，觉得我就是完全不懂，却又盲目自信，总是希望快进快出地赚“快钱”。这对投资老手来说可能不难，但对我这样一个初出茅庐的新手来说太不容易了。

然后，我才开始从头学习关于投资方面的很多基本知识，越学越觉得这根本不像我想的那么简单，越了解越觉得自己之前有多浅薄，居然什么都不懂就冲了进去。

那些亏损的钱和莫名其妙折腾进去的手续费，就当是为自己的浅薄交的学费吧。

随着了解的加深，我逐渐意识到：炒股可能并不是最适合我的投资理财方式。因为我的工作很忙，不可能花大量时间去盯盘，也不可能像专业人士那样掌握大量业内信息。最关键的是，我不希望“钱生钱”这件事影响到我的生活。

如果你因为赚钱而失去生活，本身就是一件得不偿失的事。

正因为明白了这一点，我果断放弃了炒股，转向基金投资，到现在已经快 16 年了。

这 16 年的经验告诉我，这个决定非常正确，至少它让我有了更多时间做自己的事，避免了早期的瞎折腾。

06

赚钱这件事，不仅考验你的知识和眼光，还能不断锤炼你的心性。

如果说得直接一点，投资理财的过程其实就是和自己身上的人性弱点做斗争的过程，这些弱点包括贪婪、轻信、犹豫、无知、愚昧、懒惰……这些弱点平常隐藏在你身上，并不明显，只有面对金钱得失的时候，才会显露出来。

一旦显露出来，最容易产生的后果就是“瞎折腾”。

说完了问题，最后说一说解决问题的方式——如何不再“瞎折腾”？

方法其实很简单：

（1）坚定地执行你原有的计划，完成目标——不管你的目标是金额目标、时间目标、用途目标中的哪一种，只要你确定了目标，就不要轻易改变它，一直到这个目标完成为止。

（2）既然投资理财是“钱生钱”，那就不要总想着自己赤膊上阵，而是要交给更专业的人去做，你在原有的工作和生活轨道上继续前进就行。术业有专攻，不要觉得自己会比专业人士强。

（3）学会用时间换空间。只要是投资，就有可能会面对风险。风险其实一点也不可怕，可怕的是你不给自己时间去面对。

当有一天市场的起起落落、风险的高高低低、数字的加加减减都不会再挑逗起你内心的慌乱和折腾的想法时，祝贺你，你开始赚钱了。

第五章

如何面对感情和钱的双重考验?

- CHAPTER FIVE -

离开那些
舍不得为你花钱的人

感情一旦混杂上钱，就会产生油腻感，而且这种油腻感有时候会让人不知所措。

年轻时谈恋爱，很少有人会把感情和钱扯上关系——那时候感情就像一朵白莲花，而钱就是散发着铜臭的阿堵物，生怕沾上一星半点。但是到了一定年纪，经历了足够多的事，便会发现，有时候生活就是个五味俱全的复合物，你以为不能沾油腥的，其实哪怕只是摸一下，感觉都会油腻腻的。

感情一旦混杂上钱，就会产生油腻感，而且这种油腻感有时候会让人不知所措。

01

有个妹子一直在苦恼自己和男朋友的关系问题，跑来问我的意见。

她和男朋友相处两年多了，感情一直很稳定，甚至已经准备结婚了，可就在这个阶段出现了问题：

男方忽然提出婚礼、新房、买车等所有费用都跟女方 AA 制，一人出一半。其实男方知道女方家里条件一般，拿出这些钱可能有困难，但依然坚持。如果女方不同意，男方就觉得她跟他在一起是因为钱。

妹子很郁闷，也有点生气，可是又不愿意被男方说成结婚是图他的钱，一时间不知道该怎么办才好。

补充一下双方条件：

（1）男方、女方年龄并不相当，男方大女方 12 岁，在一家上市金融机构工作了 10 年。女方在北京一所小学当老师，刚工作两年。

（2）女方很漂亮，大学刚毕业就认识了男方。男方长得很普通，认识女方后主动追求，攻势很猛。当时女方犹豫过两个人的年龄差距，但男方说没关系，真爱可以跨越年龄。

（3）男方单身的时候在北京买了一套房，写的是他的名字。后来北京限购了，每个单身人士名下只能有一套房，如果想再买一套房子，就需要结婚。所以就拿已有的这套房子先暂时当婚房了，但女方并没有要求在房产证上增加自己的名字。

（4）男方表示，两人结婚后如果要买新房，购房款男女双方各出一半。以北京目前的房价，男方尚且不能负担，更别提家境一般的女方了。

(5) 男方月收入是女方月收入的 8 倍。

……

所有前提条件讲完了，不知道大家的感觉是什么样的？

02

讲一个我哥们儿 L 的故事，是真事，和刚刚我讲的那件事情大同小异。

L 是我的一个朋友，他家里条件不错，大学毕业后在北京一家事业单位工作，工作了几年后就出来做生意，没两年就做得风生水起，赚了不少钱——在当年那帮朋友中，L 是第一个买大房子和进口宝马的。

L 曾经有一个女朋友，两人差不多大，相处了很多年，后来因为 L 忙于生意，天南海北地飞来飞去，两人聚少离多，便选择了分手。

之后的很多年里，L 都没有固定的女朋友——请注意“固定”这个词——因为经济条件不错，他身边总是莺莺燕燕的，他也总说自己已经习惯了逢场作戏，这样也挺好的，各取所需，谁也不欠谁的，轻松自在，快乐逍遥。

但是人折腾久了总会出点意外——35 岁这一年，L 认识了一个 21 岁的姑娘，叫小白。小白人很漂亮，性格也开朗活泼，当时还在读大三。L 第一次见小白就喜欢上了人家，但是小白却对他比较冷淡，因为 L 毕竟大了她 14 岁，两个人站在一起就像两个辈分的人。

L 却不管那么多，疯狂地追求小白，送花、送礼物，请她看电影。

最疯狂的一次是，L 听说小白喜欢周杰伦，从来没看过演唱会的 L 专门花了大价钱买了周杰伦香港演唱会的内场票，带着小白飞到香港去看演唱会。

小白和 L 之间的距离因为 L 的各种攻势逐渐缩小了。从香港看完周杰伦演唱会回来之后，L 再度向小白提出交往请求。小白还在考虑年龄的事，L 的话却很贴心：真爱能弥补一切差距，包括年龄。

可能就是这话打动了小白吧，她接受了 L 的追求，两人开始交往。

关系确定之后，小白继续在学校读书，L 继续做生意，平常见面次数不是太多，只是周末的时候小白会从学校出来找 L，两人住在一起。

03

那段时间我们每次聚会，L 都会带着小白，两人在一起甜蜜地抛撒狗粮的样子让人很是受不了。我们都以为一向天马行空的 L 这次终于找到真爱了。

看得出来，小白对这段感情也非常认真。两人相处了大半年后，正好赶上春节，小白带着 L 回了她家——她家在贵州一个山区，当地交通不便，两人坐飞机到贵阳后，又坐了好几个小时的长途汽车才到家。

说实话，小白家的条件一般，只有父亲在工作，母亲在家务农，小白还有个弟弟刚上大学。但是小白父母对女儿把 L 带回来这事并没有什么反对意见，因为当地女孩子普遍早婚，像小白这个年纪的女生，很多都已经当妈了。小白父母的意思是，只要小白过得幸福快乐就好。

我们都以为两个人会修成正果呢，谁知一年后，两人出了问题。

小白大学毕业后在一个公司工作，月薪只有 4000 块。本来她以为毕业后可以名正言顺地跟 L 住在一起，但是 L 却觉得两人还没有结婚，还是各自保留一些个人空间比较好，所以让她去租房子。

小白刚毕业工作，收入本来就不高，在北京，哪怕是一居室的老房子，房租也不低。好不容易找了一个跟人合租的房子，每个月 2000 块房租。L 帮她出了三个月的房租后说，以后的房租她自己负担，美其名曰“经济独立是两个人平等相处的基础”。

开始小白没说啥，每天很努力地上班，但就算这样依然入不敷出——光房租就占了薪水的一半。而且这房子距离 L 家很远，以前小白从学校去 L 家都是 L 车接车送，或者打车，但是小白毕业后就没有这种待遇了，小白再去 L 家的时候就总是挤公交车，每次单程都要花上一个多小时。

顺便说一下，L 的月收入至少是小白月收入的 10 倍。

04

日子久了，小白难免会抱怨，觉得自己跟 L 的经济差距越来越大。L 也觉得不舒服，觉得小白不像以前那样简单纯朴了。

有一次 L 约我一起吃饭，吃着吃着，他忽然问：“你觉得小白跟我在一起，是不是图我的钱啊？”

说实话，听到他提出这个问题的那一刻，我非常吃惊——因为真的没想到他会这么问。我问L：“你跟小白在一起已经很长时间了，难道你感觉不出来她不是真心对你的吗？”

L说：“原来觉得是，但是自从她开始工作以后，觉得她总是在提钱，这需要钱，那需要钱，这也不够花，那也不够花……以前她上学的时候从来不这样。”

我问：“既然这样，你为什么不让小白跟你住在一起呢？”

L说自己已经习惯了这样每个星期见面的状态，总觉得时时刻刻腻在一起反而会影响感情。

我本来想把这个话题岔开，因为感情本来就是两个人的私事，别人说什么都不合适。但是L一直在问，问到最后，我说：“想听真话吗？”

他说：“是。”

我说：“我觉得你还挺自私的。”

他说：“真的吗？其实我不是个吝啬的人，我对她也挺好的，买了那么多礼物，还带她去香港看周杰伦的演唱会……”

我说：“但那只是你追求小白时做的事，那时候什么甜言蜜语都能说出来，什么浪漫的事都能做得出来，可现在呢？你们已经在一起一年多了，人家是想跟你一起过日子，结果你要跟人家来个‘经济独立，男女平等’……”

L说：“这不是别人都这么说嘛……”

我的话也很直接：“如果真要平等，你大小白14岁，这年龄差距怎么解决？你是江湖上的老油条了，人家还是刚毕业的女大学生，这条件差距怎么解决？当初你追求人家的时候怎么不说平等，现在追到手了就开始要平等了？我觉得这样并不合适。”

L 可能没想到我的话这么犀利，坐在一边不说话了。

最后，我跟 L 说：“你大人家那么多，经历、经验都比别人丰富，如果连经济方面都不愿意付出，那就干脆跟人家说分手，别耽误人家。”

05

真的，这是我的真心话。尽管我自己也是男人，但在感情上我还是会站在女方这边的——实事求是地讲，在现在这个社会，有没有爱钱的女性？当然有。但是从我自己接触过的人来看，在感情和婚姻中，男人反而容易更现实、更物质，因为他们每时每刻都在这个崇尚简单成功和金钱至上的物质世界里浮沉，或多或少地受到一些外界的习惯性思维和逻辑的影响。

L 和小白的例子就是这样——L 觉得小白总在提钱，那是因为她刚刚跨入社会，正是需要钱的时候。在北京这样的大城市里，要靠自己的能力独立生存下去，当然要谈钱。不谈钱，喝西北风吗？L 当然可以不谈钱，因为他早就已经实现了财务自由。当他用自己的标准去衡量小白的时候，看到的当然全是问题。

如果说他们两个之间是有差距的，那这个差距要靠什么来抹平呢？当然要靠真爱。但仅仅有真爱是不够的，条件好的那一方应该多付出一些，这才是真爱的表现。

然而，在 L 让小白 3 个月后自己承担房租这件事上，我看不出 L 对小白的真爱在哪里。一方面想跟人家风花雪月，另一方面又不想为真爱付出金钱，哪有那么好的事儿！嗯，说句不好听的，L 可能喜欢小白年轻的肉体，喜欢小白单纯的思想，但并不爱她——他更爱他自己。

又过了几个月，L 忽然说自己恢复了单身，而且是小白提出来的。对此我一点也不感觉到意外，倒是 L 有些恋恋不舍，开始想起小白的好来。消停了一段时间后，又忍不住回头去找人家了。

结果，L 被小白和她的新男友一起赶了出来。

06

L 的故事和开头那个妹子的故事几乎如出一辙。

妹子的男友大她 12 岁，两人之间的差距摆在那里，这很正常。但妹子的家庭条件一般，男友从一开始就知道，也没提什么其他要求，结果要结婚了才说 AA 制的事，这就不正常了。

在男权色彩浓厚的社会中，男性拥有的社会资源和人脉远远超过女性，所以很难实现绝对意义上的“男女平等”。正因如此，才需要更柔性地处理这个问题。

这种柔性方式在感情和婚姻关系中更为重要——感情和婚姻不是你来我往的买卖，所谓一板一眼的条件对等，只会让人觉得无趣和失望。

再说，如果真要讲对等，男方有很多显而易见的漏洞，如果放在开头那个问题上：

（1）年轻姑娘愿意把自己最好的青春时光花在你身上，那你是帅

比潘安吗？不，你大人家 12 岁，已经是个快到中年的白胖子了。

（2）你要求买婚房 AA 制，但是人家姑娘也没要求在房产证上写自己名字。再说了，如果人家姑娘不嫁给你，你在北京根本就没资格买房。那这个买房资格，姑娘是不是也可以待价而沽呢？

（3）如果一切都要以“男女平等”为借口，那女人怀胎十月，分五个月给男人可以吗？

所以说，那些明明大女方很多岁、条件也比女方好，却又希望拿经济独立、男女平等来规避物质付出的男人，女人们应该统统绕着他们走。这种抠抠搜搜的中年油腻男真没什么好稀罕的！

姑娘们请记住：离开那些舍不得为你花钱的人——就像小白那样，听说她现在过得很幸福，已经是两个孩子的妈妈了。

害怕人家图他钱，结果碰上个有钱女生，怂了

在崇尚现代婚姻制度的今天，金钱和物质常常是感情和婚姻的基础。而且，男人一旦现实起来，比女性还可怕。

前面那篇文章讲了“不愿为你花钱的人不是真的爱你”——男方明知道女方家里条件一般，却在结婚前要求买车、买房、婚礼的花费都 AA 制。男方还认为，女方如果不同意，就是在贪图他的钱。因而，女方对感情产生了怀疑。

很多人喜欢用是否物质来衡量一个人是否过于现实——而事实上，在崇尚现代婚姻制度的今天，金钱和物质常常是感情和婚姻的基础。而且，男人一旦现实起来，比女性还可怕。

前一篇文章里提到的我那个朋友 L 和小白，他们的故事只讲了前

半部分，后面的部分更有趣。

01

L 单身了一段时间后又认识了一个姑娘，这个姑娘也很年轻，22 岁。

两个人是在一个朋友组织的聚会上认识的。那天人很多，也热闹，这个姑娘一进来就自带光芒，瞬间吸引了 L 的目光。

这个姑娘，暂且称呼她为小叶吧——L 后来曾经跟朋友们说起第一次见到小叶时的情景，觉得她特别青春、特别漂亮，跟一颗闪闪发光的水晶一样。

他当初也是这么形容小白的。

在那个聚会中，L 毫不犹豫地表达了自己对小叶的好感。小叶对此似乎并不感到意外，也没有拒绝 L 随后发出的邀约。

L 这个人呢，虽然之前跟小白分手的方式让人不敢恭维，但是他在追求女生的时候还是很有一套的——他选择了一个五星级酒店的餐厅作为第一次跟小叶约会的场所。五星级酒店餐厅的环境当然不用说，用餐的价格也不菲，关键是氛围好啊，再加上一束花、一份精美的礼物，很容易就迷倒一般小女生了。

当初 L 追小白的时候，小白总会因为 L 带她出入高档消费场所、送她这样那样的礼物而担心两人之间的差距太大，但这种情况在小叶身上并没有出现。尽管她只有 22 岁，而 L 已经 37 岁，两人之间差了足足 15 岁。

在整个约会过程中，小叶都没有流露出丝毫不适应的表情，甚至在接受L送的那份礼物时，一眼便看出了那是限量款首饰。

L向小叶提出交往请求时，小叶考虑了一下就同意了。然而，L却不淡定了。

02

这一次L的不淡定源自小叶的淡然自若，他总觉得这么年轻的小姑娘面对这种场景的时候似乎太过镇静了，仿佛……仿佛已经见惯了这种场面。

你想啊，一个不过20出头的年轻漂亮的女大学生，居然会对五星级酒店等高端场所习以为常……是不是会让你产生种种奇怪的联想？

这种联想让L变得有些小心谨慎。尽管他嘴上没说，但是他依然担心小叶会变成第二个小白——她跟我交往，不会是因为我的钱吧？

说实话，在男女交往的过程中，只要产生了这种疑问，就很难遏制，尤其是L这样已经形成了思维定式的人。

后来又发生了一件事：L的那辆进口宝马被撞了，需要进行修理。L比较忙没时间，就让小叶帮他把车开到4S店去维修，小叶就去了。维修费2万多，姑娘二话没说就付了。虽然是垫付的吧，但让L很惊讶，觉得这个还在读书的小姑娘怎么这么有钱。

让L诧异的事情不止这一件。小叶和L在一起的时候，除了刚开始的那几次，后面吃饭都会自己付钱，无论有多贵。另外，L过生日的时候，还送了他一块手表，L 查了一下，近 10 万块钱。

对此，L 一直在心里犯嘀咕。

相处了一个暑假之后，小叶忽然说她在犹豫还要不要回学校读书。L 一问才知道，原来小叶读的并不是国内的大学，而是在法国一所私立大学学艺术设计——那所私立大学在欧美很有名，每年招收的学生也不多，每年的学费非常高。

小叶说这次回国过暑假认识了 L，觉得两个人很合拍，害怕自己回法国后两人的关系会变淡。她觉得“学业是可以中断，然后再接着完成的，但是感情却不可以”。

L 担心小叶家里会不同意，结果小叶说：“我已经跟爸爸妈妈说了自己的决定，他们尊重我的想法。”

再一打听，L 这才知道，原来小叶的父母是南方一家著名私企的创办人，目前这家企业已在香港上市。小叶从小就在蜜罐里长大，从来就没有为吃穿用发过愁。

03

事情闹清楚了，按理说 L 之前的担心可以消除了吧。但是很快 L 又开始别扭起来了——因为小叶家里比 L 有钱多了，小叶又是一贯富养的独生女，所以根本不把 L 的钱放在心上，出门抢着埋单不说，还经常花很多钱给 L 的父母买礼物，让 L 有些不知所措。

有一次，两人去欧洲旅游，是 L 订的票，结果去了机场才发现小叶自己花钱把经济舱改成了头等舱——飞 10 多个小时的国际航班的头等舱哦。

这样的例子不胜枚举，简言之，就是 L 觉得自己的经济条件已经很好了，但在生活中他的这种感觉总会被小叶用习以为常的方式轻松推翻。

人就是这么奇怪，不知道底细的时候吧，担心小叶是为了钱而跟自己交往；知道了底细吧，却又觉得小叶太有钱而心理失衡——L 就是这样。

最逗的是，之前 L 在感情中一向处在比较主动或者强势的位置——这不仅体现在主动追求女孩上，还体现在金钱方面。还有一点，他可以用那种别人不怎么看得上的方式逼小白主动提出分手。

但是在他和小叶的这段关系中，这种强弱关系却被整个颠倒了过来。关键是，人家小叶对此完全没感觉，因为这本来就是她之前的生活方式。有时候 L 会半开玩笑地说，自己成了吃老婆软饭的“老白脸”。小叶还特别真诚地回他：“没问题，养你一辈子。”

一句话瞬间就让 L 不知道该说什么好了。

04

有一段时间，L 总没事找事，跟小叶闹点别扭，想通过这种方式掌握主动权，但小叶完全不接招——不是不愿意接，而是小叶根本就不觉得这算什么问题。

举个例子，有一次吃饭，L 故意说：“这个三文鱼一点也不新鲜，挪威哪儿哪儿的三文鱼才好吃。”小叶一听，说：“是吗？那我们下个星期就去挪威吃三文鱼吧，我来订机票和酒店……”

这种回答让人啼笑皆非，总之就是异于普通人的思维。

如果大家觉得不好理解，建议你们去看日剧《富豪刑警》，讲的是一位富家千金当上了刑警，结果因为这种异于常人的思维而破了很多案子。

我记得有一集讲的是警方想抓一个专门偷窃昂贵名画的盗贼，但想了很多办法都没能抓住他。这个盗贼专门偷盗上亿日元的名画，之前刚刚得手了一幅价值 3 亿日元的名画。

就在其他警察绞尽脑汁之际，这个富家女刑警不以为然地说：“抓他有什么难的，他连 3 亿日元的画都要偷，那我们拿价值 5 亿日元的画当诱饵，不就能抓住他了？”然后，她自己掏钱买了一幅价值 5 亿日元的画，果然抓住了那个盗贼。

如果用比较贴切的话来形容，那就是：有钱人的想法和普通人真的不一样！

从这点上说，L 还算是个“高端凤凰男”。虽然他的经济条件很好，但这都是靠他自己做生意一点点积累起来的，跟含着金汤匙出生的小叶根本就是两种人。

这从他对待感情的态度就可以看得出来，小白那样的普通人家的女孩，他担心人家和他在一起是为了钱；可面对条件远远好过他的小叶，他的这种心理优势瞬间就烟消云散了。

值得庆幸的是，L 逐渐适应了这种相处方式，他和小叶已经相处了好几年了，据说关系非常稳定。唯一的问题就是两人还没结婚，倒不是 L 不想，而是小叶的爸妈不干，觉得 L 配不上自己的女儿。

喜欢过的人终于回头来找你……借钱了

感情的考验就像在灼烤你的灵魂，各种纠结缠绕。金钱的考验则像在鞭打你的钱包，让你哭爹叫娘。

这世界上最考验人的有两样东西：一个是感情，另一个是金钱。

感情的考验就像在灼烤你的灵魂，各种纠结缠绕。金钱的考验则像在鞭打你的钱包，让你哭爹叫娘。

最近我身边有几个朋友接连遇到类似的事，虽然情况略有不同，但其中的纠缠大同小异。

01

先说 A，我的一个哥们儿，30 多岁，做事很靠谱，事业也很顺利。因为工作忙，接触的圈子小，一直没有成家。这种情况在北京其实很常见，所以大家也不觉得有什么问题。

因为认识的时间足够久，我知道他还在大学读书的时候，曾经有过一段刻骨铭心的初恋。女生和他同届，人很漂亮，性格也不错，两人一度爱得难舍难分。

本科毕业后，A 继续读研，女生则开始工作。大半年之后，女生提出了分手。原因是男生还在学校读书，自己已经工作，两人的生活节奏、时间安排、未来目标都有了很大变化，不适合再在一起。

A 苦求月余，女生依然不为所动，最后两人只好分开。据说刚分手那段时间，A 天天跟丢了魂一样，做什么都神不守舍，后来还被导师好一通训斥。

而女生没过多久就有了新男友，是同一单位的同事，据说条件不错。A 知道后又特别难过，死活不相信跟自己谈了那么多年恋爱的女生会这么快就移情别恋……总之，这是一段很折腾人的历史。

后来，A 花了很长时间才走出这段感情，研究生毕业后进入某金融机构工作。几年后又开始创业，虽然很辛苦，但是事业还算平顺。唯一没有解决的，可能就是个人问题了。

他倒不是没有再谈过恋爱，可据他自己说，总会不由自主地想起初恋——分手后，尽管两人同在一个校友群里，也知道彼此的联系方式，但他们再无联系。

就这样，安稳的日子过了很久。忽然有一天，他接到了那个女生打来的电话。当那个熟悉的名字出现在电话屏幕上时，他的心像停跳了一拍，半天不知道该怎么办——这是分手后女生第一次主动联系他。

尽管A早已经不是当年的菜鸟，但是面对这种情况，脑子里依然像演偶像剧一样来来回回过了很多桥段。最后，他接起电话，用浑厚的带有回响的声音说："喂——"

"A，你最近还好吗？"女生是这样开口的。毕竟是曾经的恋人，而且现在心里多少还有她的影子，A的反应很平和而又不失分寸。然后，他听见她说："我现在遇到点事情，想管你借点钱……"

02

借钱这种事情其实并不少见，但是面对曾经有过亲密关系、这么多年没有联系、一联系就说借钱的前女友，A一时不知道该怎么反应，他下意识地问："多少钱？"

"30万，很急，马上要。"

当时A的账户上并没那么多钱，像做他这种工作的，活期账户上最多有几万块备用金。他接着问："你遇到什么事情了？"

……

你们猜，A有没有借钱给对方？

如果是你的前任，虽然分手了，但是你心里还有对方的影子，多年以后对方忽然回头来找你……借钱，你会怎么做？

关于感情和金钱的考验，真是每个人前进路上的一道坎，谁也躲不过。

女生并没有回答A这个问题，只说自己现在急需这笔钱。

这时，A忽然反应过来，女生早就跟她那个同事结婚了，后来还有了个儿子，两口子收入都不低。如果真的遇到难处，也应该首先跟自己家人说，怎么会找到他呢？

女生在电话里突然哭了起来，说自己跟老公感情不好，准备离婚，一个人带着孩子过。偏偏这时她家人生病住院，急需一大笔钱。但是因为离婚官司未结，自己的积蓄拿不出来，想了很久，才给他拨了这个电话。她还说："因为身边的人，可能只有你才有这个能力。"

女生这么一哭，A就心软了，跟她说自己现在账户上没有那么多钱，大概只有几万块，再凑凑估计能到10万块，其他的要过一两天才能从理财账户中转出来。女生说，好，那就先借10万块，大概3个月后就能还他。

A说自己不着急用，没有关系。这通电话结束之后没多久，A就把10万块钱打给了女生。

过了两天，A从理财账户中转出20万块，想给女生打电话说一下这事，电话却是她先生接的，说她在做饭呢，不方便接听电话。这让A顿时产生了怀疑：不是说两人感情不好准备离婚吗，怎么还住在一起，女生还在做饭？

很快，女生的电话回拨过来，面对A的疑问，女生支支吾吾说不清楚。A虽然念及旧情，但并不是个心里没数的人，掂量了一番后，没有将这20万块钱汇过去。

03

很快，A 打听清楚了，其实，女生并没有离婚，家里也没有人生病，是她先生做生意遇上了困难，赔了一大笔钱不说，还借了高利贷，被追债。她为解夫愁，想到了 A 这个前男友……

问题是，之前借出去的 10 万块钱怎么办？

A 把事情经过原原本本地告诉我后，问道：“刀哥，你说，我该不该管她要回来这笔钱呢？”——问出这个问题的时候，已经是 A 把钱借出去 3 个月之后了。

这 3 个月中，女生再也没有主动跟 A 联系过，也没有提还钱的事。只有一次 A 发微信问她，她还有些不高兴地说：“我家现在的确遇到了困难，你又不缺这笔钱，至于逼得这么紧吗？”

A 特别不舒服地说：“我是不缺这笔钱，但它是你向我借的，不管你说的是真话假话，我也借给你了，到了约定时间不还，怎么听上去反倒成了我的错了？”然后，女生直接挂了他的电话，再也没接。

结果，这笔钱就成了压在他心里的一块石头，不要了吧，觉得女生做事不地道，自己心里不舒服；去要吧，可能就真要跟对方撕破脸了。

我问 A：“你不愿意和她撕破脸？”

A 说：“是啊，再怎么说也是喜欢过、在一起过的人。虽然不知道为什么这么多年后她会变成这样，但是想到以前总觉得有些遗憾。”

我说：“那这 10 万块钱你就别要了，就当这笔钱帮你认识了一个人。”

A 想了想，非常不爽地说：“这钱虽然对我来说不算什么，但是我凭什么要花这么大一笔钱去认识一个人，而且还是通过这种上当受骗的方式？想想都觉得憋屈。”

我说：“那你就坚决讨要，不管用什么方式，打官司、进行交涉，明面的、暗地里的，只要能把钱要回来就行。”

结果，A 听了还是有些纠结：“但那样会不会让人家觉得我做得太过分？毕竟喜欢过一场，会不会显得我太没有人情味？”

你看，人就是这样，明明只有两条路，可无论走这条路还是那条路，都有一堆纠结的事儿。

04

放下 A 这边，说一下 B 的故事。

相比于 A，B 就年轻多了，刚刚走出校园不久，工作时间也不长，所以收入当然不如 A。不过，与 A 相同的是，B 前不久也接到了一个女生的电话。

这个女生是 B 在大学里喜欢过的人，女生也知道 B 喜欢她，但是两人并没有走在一起，只是保持了比较好的关系。但凡有过类似经历的人都知道，年轻的时候喜欢过一个人，哪怕最终没有在一起，心里多少都会保留一些美好的印象。

那个女生一毕业就去国外留学了，男生则留在南方某市工作，中间大概有几年没有见面。

前不久，女生忽然给男生打来一个电话，说自己放假回国，约他见面，又听说上海迪士尼开了，希望 B 带她去玩一趟。女生还跟 B 说，门票、交通费等费用一律 AA 制，由 B 先垫付，她第二天还给他。

B 开始没把这事放在心上，毕竟是同学，又是曾经喜欢过的女生，所以一口答应了下来，然后就等女生回来……这之后，故事就开始了。

等到女生回国，B 负责接待，包括请她吃饭什么的。后来按照女生要求的，B 和她一起去了迪士尼。他们玩得很开心，当然所有费用都是 B 出的，大概花了几千块钱。

这几千块钱中，大概只有一半是女生和 B 游玩时花的，而另一半则是女生在迪士尼给她国外朋友买礼物花的。当时，女生说身上没有人民币，让男生帮忙垫付，自己到时候连同其他费用一起还给他——折合成美元，大概有几百块。

到了第二天，女生绝口不提还钱的事，回了家乡。

开始 B 以为女生事情多忙忘了，也没在意。之后的几个月里，女生在家乡生活了一段时间，然后又返回了国外，其间各种吃喝玩乐、发朋友圈，但是再也没有跟 B 提过还钱的事。

B 问我：“我应不应该向她提钱的事？”他说像门票、交通费什么的，他来出都没问题，唯一让他觉得不舒服的是女生拿那笔钱帮她的朋友买礼物，“那笔费用跟我好像没关系啊”。

05

B 告诉我，他早已没有追那个女生的想法了，但也不想被她看不起，可是如果他向她开口，会被说成小气、没素质吗？

我问了他三个问题：

（1）这笔钱占你月收入的比重大概是多少？

（2）如果开口，可能和女生连朋友都没的做，这是不是可以接受的结果？

（3）如果不开口，以这几千块钱作为认识一个人的代价，是否可以接受？

他的回答如下：

（1）这几千块钱大概是他月收入的 30%。他并不完全是心疼钱，如果给她花没问题，但是给她朋友买礼物所花的那一半钱，他觉得跟自己没有任何关系，为什么要花？

（2）如果不能做朋友，他可以接受。如果可以做，朋友之间把钱的问题说清楚是不是更为妥当。

（3）如果选择不说这事，当然也可以接受，但是心里会很不舒服。

我说：“那你就直接跟她说，而且她事先也跟你说过要 AA 制。大大方方说出来，也好过在背后嘀咕。”

当然，也许有人会觉得，为了几千块钱跟喜欢过的人这样，不太合适——我只是觉得，每个人的情况不同，处理方式就不同，我们不能拿自己的情况去衡量别人的做法。

有趣的是，无论是 A 还是 B，他们都表示，如果对方不是自己曾经喜欢过的人，那这种事他们是绝对不会同意的。这就是——

“曾经喜欢过的人找上门来，青春一去不复返，又有几人不心软！”

第二天，B 告诉我，他跟她直接说了，她很爽快地还了他一笔钱，包括她自己的那部分费用和帮朋友买礼物的费用。

“结果，我反而觉得没脸拿了，微信转账一直没点。是我输了吗？”

06

我听了哈哈大笑：“这不就是我跟你说的第二个问题吗？！你话都已经说出口了，是基于不愿意再和她有类似瓜葛而说的。如果你不收，未来面对类似情况的时候，你可能还会觉得很憋屈，那才是真的输了。”

面对感情和钱的双重考验，其实你只有两条路可走：一条路是接受，把钱当成认识一个人的成本；一条路是拒绝，从此跟这个人形同陌路。

没有第三条路。

5 分钟以后，B 忽然告诉我：“我的微信被她拉黑了，忽然心里好受多了……”这真是个出人意料的结果啊！

B 想了想，问了个问题：“会不会是她真的忘了，然后我跟她开口了，她接受不了？”

我听了再度笑起来：“傻小子，如果是那样，是她自己的疏忽，为什么要删除你？真正爱惜羽毛又花了别人钱的人，会第一时间把钱还给别人，而不会拖那么久，让对方主动开口。从这个角度来判断，她之前可能并没有主动还钱的意思。”

“你可以认为她删除你是觉得你不够大方，不愿意跟你做朋友，但是像这样只从自己角度考虑，而不为你着想的做法，只能表明她可能真的没有把你当朋友。如果因为你要回了她本来就应该支付的那几千块钱，而觉得没必要再跟你做朋友了，那只能证明你在她心里真正的分量还不及那几千块钱。”

最后补充一句，当金钱和感情的双重考验袭来的时候，金钱数目的多少也会影响人的判断：

A 的情况，因为 10 万块钱不少，他要的话就会理直气壮，旁人也会觉得理所应当；B 的情况，因为几千块钱不多，他要的时候就会瞻前顾后，旁人也可能觉得他太过较真。

但实际上，钱就是钱，不经过小钱的考验，迟早也会面临大钱的洗礼。

无论 A 还是 B，都问到了一个问题：“如果是你，会怎么做？”

我得意地笑起来：“对于我这种性格的人来说，分手就等于变成陌生人。我的前任……跟死了也没什么两样，所以我才没有这个烦恼。”

选择的陷阱——面对最贵、中等和最便宜，最不应该选的居然是……

所谓“选择的陷阱”，就是看似最顺理成章的选择，其实是最没有性价比的选择。

最近关于理发这件事的体会，让我再次想起了一个问题：

一件商品或者一次服务，如果有三个档次：最贵、中等和最便宜，你会选择哪一种？

尽管不同的年龄层次、经济水平、地域分布的人会有不同的选择，但是大体上说，选择答案的统计图形会是一个“枣核形”：

选择最贵的和最便宜的人数相对较少，选择中等的人数较多。

很多人甚至觉得这种选择方式和稳定的人类社会结构有类似之处：发展到一定阶段，处于中间的那部分人的数量总是最多的。

正因如此，当我第一次听到这个答案是错误的、存在某种被很多人视而不见的“认知陷阱”时，很难不感到惊讶。

01

那天去理发店理发，发现常为我理发的那个师傅辞工不干了——稍微对自己形象有一些要求的人都知道，一旦那个经常给你收拾头发的人离开了，你就不得不经历一个痛苦的心理建设阶段。

之所以痛苦，不仅是因为要重新选择，还意味着要重新适应，而后者比前者的难度大多了！

正在犹豫要不要换个地方时，店老板热情地说：“要不您换一个师傅剪吧。我们这里有三种价位：38 块钱、68 块钱、98 块钱，我看您之前都是让那个 98 块钱的首席大工剪的，但我们新的首席大工还没有到，要不您试试我们这里另外一位师傅，他手艺也很好，而且剪一位只需要 68 块钱。”

我看看生意兴隆的理发店，想想自己已经炸毛的头发，懒得再折腾，就点头同意了。

那个师傅比原来常给我剪头的那个师傅年轻，看上去很自信，他说：“哥，您想怎么剪？”我大概告诉了他我的想法，然后就坐下来，看着他就开始拿着家伙在我头上嘁里咔嚓地操作。

这师傅动作挺熟练的，看着手艺也还行，我逐渐放下心来，开始走神。等到回过神时，下意识地看了一眼镜子，哎呀，头顶的头发留得太长了！

我告诉了那师傅，他看了看镜子："长吗？不长啊。"但是他还是拿起剪子，咔咔咔咔，给我剪了一层。

我看了看，觉得还是有点长。那师傅也看了看，干脆换了一把推子，我连忙阻止："别别，别用推子……"话还没说完，他已经噌地一下给我推倒一片……我一看镜子里的那个人，头发就像被割草机割过的小麦地一样，明显剪得太短了！

我顿时就有些不爽："你这么推，这头发也太短了。"他听了不以为然地说："短吗？不短，这样显得精神，好看！"说着也不管我，继续在我头上"动土"。

我气鼓鼓地坐在那里，眼睁睁地看着一个挺好的熟男变成了刚被割草机割过的青瓜蛋子，真想打人！

02

更可气的是，那师傅边剪还边跟我说："我看您这卡里还有挺多钱呢，现在 ×× （之前帮我剪头的那师傅）已经离开了，要不您就把钱转到我这里，以后我专门给您剪。"

我瞥了他一眼，没搭理他。

等到最后剪完了，他居然还对着镜子里的我说："您看，我说挺好的吧。"我终于忍不住了，没好气地跟他说："是你给我剪头，还是我给你剪头？是应该你觉得好，还是应该我觉得好？"

他一愣，似乎没听明白。然后，我郁闷地结了账，顶着一头麦茬灰溜溜地回家了。

我边走边骂自己：你个傻瓜，居然一不小心又掉进了“选择的陷阱”——你穿得再讲究，如果你的发型像坨狗屎，那你充其量也就是一坨穿得很讲究的狗屎！

后来，居然还有读者问我为什么好久没有直播了——我能顶着一头麦茬直播吗？别提这事了，还不够我生气的呢。

有过头发被剪坏的经验的人都知道，要让被摧残的发型恢复过来是多么痛苦的一件事。因为“割草”一推子就搞定，可是想让“草”重新长起来却……需要时间！

那段时间我出门总戴个帽子，每次有人问起为啥戴帽子的时候，我都会不由自主地想起那个68块钱推土机师傅的脸，然后心里就会涌起一种想杀了对方的念头。

终于熬到了头发可以重新修剪的时候，我又一次去了那家理发店。

我一进门，68块钱推土机师傅就认出了我，下意识地站起来，满脸堆笑：“哥，您来了……”

我没搭理他，对店长说：“给我找个38块钱的师傅。”店长看看我：“38块钱的都是新手，怕给您剪不好。”

我说没事，就要新手。推土机师傅听了有些尴尬地退了下去，上来一个20岁出头的小年轻，一看就是刚出徒没多久，动手之前问了半天我想要什么效果，还在我头上各种比画。

我告诉了他我的想法之后，想想又补充了两句：“没关系，拿不准你就问一下我，我比较了解自己想要什么样的。”他“嗯嗯”地答应下来。

而那个 68 块钱推土机师傅在旁边面无表情地看着。

03

然后，年轻师傅就开始剪了。说实话，手艺还可以，就是怯生生的，生怕出问题。这师傅最好的地方就是，当他拿不准的时候，真的会停下来询问我的意见，然后再动手，而绝对不会像那个推土机师傅那样，噌地一下就给我一推子推掉。

就这样用了比平常多一些的时间，我的头发重新变得像那么回事了，虽然依然不如之前那个帮我剪了好几年头的师傅剪得好看，但是比起上次那种头型，不知道好了多少。

最后，我把那张卡登记到了这个年轻师傅的名下，以后固定由他给我剪。他既意外又高兴，使劲说谢谢。因为他说我是他名下的第一个常客，他还说："大哥，您放心，我一定好好给您剪。"

我心想怎么着都成，只要别像上次那样就好了。

在那家理发店里，我分别经历了 98 块钱、68 块钱、38 块钱三个档次的理发服务。虽然只是简单地理一个头发，却让我再度体验了一把"选择的陷阱"。

当某项产品或者服务的价格有高、中、低三个档次时，最让人满意的当然是最贵的那个，而最容易让人不满意的却不是最便宜的那个，而是处在中档的那个。

想想真是很神奇，很多年以前我就曾经在有经验的朋友那里听到过类似的话。

这位朋友是我们单位的摄影大拿，经常能拍出特别精彩的照片，也拿过全国很多奖。单位里一些对摄影有兴趣的小年轻常常会向他请教专业上的问题。

那时候我们的想法都特别简单，认为只要有好的摄影器材就能拍出好照片。当时市面上有很多选择，高、中、低档都有，我们看得眼花缭乱，又拿不定主意，便跑去问他："要想拍出好照片，应该买什么样的相机？"

当时他的回答很简单：

如果不差钱，就买最好的；如果预算不多，那就买最便宜的。

他唯独不建议买中档的——这个建议和当时大多数人的想法并不一致。

04

大多数人的考虑是：买最便宜的总怕"便宜无好货"，但是最贵的要好几万，又买不起，所以大家的目光都会落在中档机器上。

比上不足，比下有余，这是很多人做选择时的心态。

但是那位摄影大拿却有另外一番见解：

如果从满足基本需求来说，最便宜的机器就足够了。如果对性能有最高要求，那肯定要选择最贵的机器。而中档机器则两边都靠不上，

如果是他，并不会选择。

然后，他问了我们一个问题：“你们觉得什么样的产品最容易被替代？”

我们一时有点迷糊，最容易被取代？什么意思？

他的答案同样让我印象深刻：

最容易被取代的并不是最便宜的，也不是最贵的，而是中档的那一款。因为中档的产品除了经常拿性价比来迷惑人之外，还有另外一个缺点：高不成低不就。

当然，对初入社会的我们来说，他的话并不太容易理解和接受，所以很多时候我们依然会和大多数人一样，选择中间那款。

但是随着时间的推移，当我的经验逐渐增多、眼界也不再局限于价格本身时，却发现他说的话其实非常有道理。

最贵的商品，无论从质量、功能还是使用感觉上来说无疑都是最好的。虽然也有例外，但在一个成熟的社会体系中，价格无疑是评判质量和使用感觉的最简单直接的方式。

而最便宜的商品，满足的是最基本的质量要求和使用感觉，它当然不可能和最贵的那一档相比。但是它的价格最低，所以对于入门级别的人来说已经足够了。

那么中间那档呢？用那位大拿的话来说，就是“选择的陷阱”。

05

所谓“选择的陷阱”，就是看似最顺理成章的选择，其实是最没有性价比的选择。

就像我在理发店的经历一样，常常合作、价格最贵的师傅离开之后，店老板给我推荐了价格低一级的师傅。这看上去似乎也是顺理成章的选择，但是从我的实际体验来讲，这个师傅的手艺比不上先前的那位，但又因为不是初出茅庐，具备一些经验和自信，所以总想把这两点展现出来，结果却让我有了一次特别别扭也特别不满意的理发体验。

那么，为什么价格最便宜的那个年轻师傅却给我另外一番感觉？

因为他虽然初出茅庐，经验不多，水平也不够高，但非常谨慎，更愿意倾听我的想法，而不会像那个推土机师傅一样自作主张，不管三七二十一，就推出了一个他认为好看的发型。

虽然他的手艺比不上其他二位，但是价格也并不高，从某种角度来说，“满足了我的最基本需求”，足矣。

“选择陷阱”中的“陷阱”是指：

你以为那款中档产品最有性价比，其实在使用过程中，你会不由自主地拿它和最高档的那一款比性能，同时还会拿它和最便宜的那一款比价格，偏偏它的性能不如最贵的，价格不如最便宜的。比到最后，你会得到这样的结论——真的是高不成低不就啊。

但是意识到这一点并不容易，就像我们并不愿意做社会中底层的人，但终其一生也很难成为顶层的人，最后，大多数人变成了中间层次的人。有一些经验的人，或有一些底气的人，看上去像模像样，其实很容易被替代。

这种陷阱，应该远远比价格选择更可怕吧！

快醒醒，
阻碍你实现梦想的何止是钱！

和梦想的浪漫相比，实现梦想的过程一点也不浪漫。

记得有次看书，看到作者写了一句话：

“人前进时最大的动力是梦想，而最大的阻碍也是梦想。”

当时觉得很诧异，梦想是动力好理解，但梦想怎么会是阻碍？

看这本书的时候我还在读大学，还没有体会过进入职场和社会后的各种酸甜苦辣，也没有经历太多的波澜起伏，心有疑问，但转瞬即逝。

前段时间整理以前的书籍资料和读书笔记，忽然在笔记本上看到这句话，一时竟然不知道该说什么好。

原来很多问题的答案，生活早就已经告诉我们了。

01

有一次收到读者的一封求助信，简言之，就是一个 20 岁的年轻女生学了 5 年护理专业，工作几个月之后，发现自己实在不喜欢这个工作，辞职之后开始自学编程。她的做法得到了男友的支持，却引起了母亲的不满。尽管男友跟她母亲多次沟通过，但母亲依然反对，这让两个人很困惑。

对这事我的看法是，问题关键在于女生在追求自己梦想的时候经济并没有完全独立，解决了经济独立的问题，她母亲的态度问题自然会迎刃而解。

我把答案贴出来后，很多人觉得这很残酷，也有很多人说这就是现实。不管残酷也好，现实也罢，对现在很多年轻人来说，很多梦想都不是独立存在的——尽管你未必愿意承认，但事实就在那里。

这个世界上的绝大多数梦想的实现都需要金钱来支撑。

但在诱人的梦想实现的过程中，钱并不是唯一的因素。

这不禁让我想起很多年以前认识的一个女生 A。她长得很漂亮，个子比同龄人高，身材比同龄人好，性格开朗活泼。在高中时，大多数同龄人都向往着高考，她却一心想去参加艺考当演员。

和现在表演等艺术专业考试渠道众多的情况不同，当时全国招收表演专业的学校不多，人数也很少，但竞争非常激烈。很多考生需要在考前接受各种各样的专业培训，比如声、台、形、表方面的训练。

由于参加培训的人非常多，培训费用也因此水涨船高，大概一个月需要6000块——这还是差不多20年前的价格。

需要补充说明的是，女生的家境非常一般，父母是当地一个企业的普通职工，她还有一个弟弟正在上初中。在那个时候，企业职工的工资并不高，父母两人供两个孩子上学、赡养老人就已经非常吃力，根本没有余力想其他的。

女生两次向家里提出希望参加培训，父母都因为高昂的培训费拒绝了。

02

女生因此特别沮丧，甚至有两天都没来上学。

那个时候的中学跟现在也有所不同，艺考生比例非常少，大多数人还是抱着千军万马过独木桥的想法，参加高考上大学。后来，周围的人渐渐知道了A一心想考表演系的事情，都觉得不可思议，很多人劝她还是踏实考个大学。

但是A却很执着："学表演是我的梦想！"她开始自己想办法解决那笔看上去很高昂的培训费用，打工、做家教，后来还去了一家酒吧卖啤酒。但就算这样，培训开始的时候她还是没有凑够那笔钱。

A还是参加了那年的艺考，最终名落孙山。父母因此找到了不支持的理由："你看吧，幸亏没有花那么多钱去培训，不然就打了水漂。"

A 却耿耿于怀：“如果你们给了我那笔钱去培训，也许我就能考上，未来就能挣更多的钱。”她心里带着一股气，觉得是父母没有帮助她实现梦想。

A 最后上了一所外地的普通大学。有一次，我跟 A 聊天，看得出来，她对父母当初没有支持自己实现梦想的怨恨一直没有消除。读大学四年，她就回过一次家。一直到后来毕业了参加工作，她都对家里人很冷淡。

“你无法体会那种明明有希望却因为钱止步的感觉。”她这么说。

在我的青少年时代，社会还不像现在这样开放、富足，信息来源和成功渠道也不如现在这么多，很多时候梦想就只是一个梦想。

那时候我一心想当个专职作家。相比 A 的演员梦，这已经是成本很低的梦想了。十几岁的时候，我除了花了几十块钱参加过两次写作培训班之外，大部分时间都是自己看书和写作。

就算那两次培训班，也上得我百味杂陈。

第一次是上海一个很有名的作家办的，他当时专攻青春文学，得过很多奖。他寄过来的第一批学习资料中，每一页都有他最新作品的邮购地址。后来我发现，如果你买了他的作品，你写的东西他就会点评得很仔细；如果你没买，就只是寥寥数语便结束了。

第二次是另外一个本地作家办的，据说也出过好几本书。但是第一次上课的时候，他就跟我们大讲特讲他是如何到各地的风月场所“采风”的。要知道，那时候听培训课的大都是十几岁的中学生，大家听得面红耳赤、极其尴尬。第二天就有很多家长找上门来要求退课。

03

除了写字之外，我还有过很多爱好，比如运动、集邮、音乐等。

回想起那个阶段，印象中，包括我父母在内的上一代家长，在谈到孩子爱好的时候都会下意识地考虑一个问题：会不会花钱？不花钱的话，随便你怎么折腾；要是额外花钱，那就要掂量一下了。

所以，写字是可以获得支持的，万一发表了还有稿费，运动也可以，但集邮和音乐嘛，就……

想来想去，还是因为那个时代的物质相对比较匮乏。孩子的兴趣爱好，也经常与父母的经济能力和决策有直接关系。钱是父母的，爱好和梦想却是孩子的，有所理解还好说，如果不理解，就会发生很多问题。

就算相对开明如我家，在兴趣和学业发生冲突时，父母也会冒出“那些爱好能挣钱吗”的质疑，并一再说“等有一天你可以自食其力了，想做什么随便你”。

而当我终于走出校园可以自食其力时，却尴尬地发现，我的大部分兴趣爱好不知道什么时候已经消失殆尽了——如果说那些都是曾经的梦想，那么我不知道什么时候就已经醒过来了，就像真的做梦一样。

而唯一坚持到现在的，就是写字。从毕业到现在的大部分时间里，写字都已经成了我的工作，一旦成了工作，它能带给我的那种浪漫便逐渐消失了。不管我愿不愿意承认，它更多地成了为稻粱谋的一种手段。

特别是刚刚工作的头几年，工作是我唯一的收入来源的时候，我不得不把自己写的每一个字、每一篇稿子按照单位要求进行 ABC 等级和字数分类，这样大概能算出我每个月的收入。

尽管我还是那么喜欢写字，但是这个过程……并不浪漫。

这种不浪漫，可能才是大部分梦想消失的根本原因吧——大部分人之所以会失去运动、玩集邮、玩音乐等的兴趣，就是因为玩的时候那种天马行空、自由随意的感觉没有了。一旦你有了工作，有些东西就会变了。

04

梦想不仅会变，还会噼啪地打你的脸。

我认识一个妹子 B，因为特别喜欢喝咖啡，就一直梦想着开个咖啡店。

这个梦想从她 18 岁时就产生了，一直到她 24 岁那年，依然在心里熊熊燃烧。尽管这时候她已经在一家 IT 企业工作两年了，但是她还在想，“开咖啡店一定很赚钱，你看我们每天要喝多少杯咖啡啊”。

但是喝咖啡和开咖啡店需要的花销是完全不同的，妹子家里对她想开咖啡店的想法的回应是：可以啊，你自己去找钱吧。

妹子打听了一下，在她所在的城市开一家她想要的那种风格的咖啡店，至少要几十万块钱。她就咬牙努力工作，把全部的积蓄拿了出来，还找了个合伙人投资了一大笔钱，终于觉得钱凑得差不多了。

然后，她忽然意识到：“咦，我只喝过咖啡，没开过咖啡店，这店……应该怎么开啊？”

她跑来问我，正好我有个姐们儿在星巴克是负责开店的，于是就介绍给她认识，希望能够帮助她。

后面的事情特别有趣。

有一天，姐们儿正好去妹子所在的城市出差，两人见了面，姐们儿直接让她带自己去准备开店的地方看看，然后在那个路口一站就是好几个小时。

妹子很奇怪地问她干吗，姐们儿拿出一个计数器：“计算你这里的人流量啊。”

她的本子上记着过去每个小时里这个路口的人流量分别是多少，波峰、波谷分别是几点到几点，其中有多少看上去像商务客流，占总人流量的比例是多少，这些人流量如果转化率达到20%，会产生多少销售流水，按照50%的利润率算会有多少利润，这样就能得到每月的大概利润。再除去前期开店的房租、水电费、人员成本，就能算出每个月的盈亏情况以及大概需要度过多久的“亏损期”才能达到盈亏平衡……

妹子一下就看蒙了，啊，开个店还需要这么麻烦吗？

姐们儿很淡然地看了看她：“我这是稳妥的开店方法，还有一种是文艺的方法……”

妹子好奇地问：“那是什么方法？”

姐们儿说：“那就是你想在哪儿开就在哪儿开，想怎么卖咖啡就怎么卖，把你那几十万块钱亏完，再去找个工作养活自己。”

妹子琢磨了一下，回去想了几个晚上，从此一心只喝几十块钱的咖啡，再也不提花几十万块钱开咖啡店这事了。

05

你看，实现梦想的确需要钱的支撑，但是如果你认为梦想的实现仅仅和钱有关，好像也不对。

在女生 A 的故事里，看上去金钱是实现梦想的拦路虎，但实际上有那么多花钱参加了专业培训的人，最后依然没有实现当演员、做明星的梦想。他们的问题又出在哪儿呢？

因为有时候钱真不能决定一切，除此之外，还有资质和运气。

在妹子 B 的故事里，金钱已经不是实现梦想的拦路虎了，她完全有条件实现自己长久以来的梦想，并且已经迈出了重要的一步，但她最终还是放弃了。为什么？

因为和梦想的浪漫相比，实现梦想的过程一点也不浪漫。

而在我自己的故事里，写字一直从年轻时坚持到现在，我做到了儿时希望做的事情，但为什么并没有感到特别欢欣鼓舞呢？

因为我已经知道了，除了上面两条之外，人生不能仅靠梦想去延续。

所以，有时候碰见那些动辄把无法实现梦想归咎于没有钱的朋友，我就特别想说，不，除了钱之外，你至少还需要以下两个条件：

（1）运气。生在一个适合实现你梦想的时代，叫运气。有支持你的父母，叫运气。你的父母不仅心里支持你，还有财务能力支持你，更是运气中的运气。

（2）年轻。只有年轻，才会为了梦想奋不顾身，否则就像 B，知难而退。

还有一些人，即使在有了条件后实现了梦想，似乎也远不如自己想的那样兴奋，比如现在的我。

对，我在嘚瑟……哈哈，怎样！

在跟钱有关的事情上，“相信你”并不等于“轻信你”

要么简简单单地做朋友，要么认认真真地谈钱；不要在谈钱的时候做朋友，更不要在做朋友的时候谈钱。

“人人都爱钱”系列文章写了20多篇时，有读者问：“刀哥，在钱这个问题上，你是不是早就见怪不怪、百毒不侵了？”

我刚想得意扬扬地承认，但很快天空中响起轰隆隆的雷声，吓了我一跳。然后，我只好老老实实地说：“常在河边走，哪儿有不湿鞋的。”

其实湿鞋也没什么，但如果湿了鞋你还不能脱，还得穿着它继续假模假样地往前走，那就很难受了。而最难受的情况是：这双鞋是朋友给你打湿的，而且碍于朋友的面子，你还要笑眯眯地说“没关系，没关系”。

这么一想，其实哪有什么百毒不侵啊，只是得看是谁下的毒。

01

在钱这件事情上，最让人不舒服的莫过于朋友下的毒。

其实，我很早就知道“不要跟朋友发生金钱关系”这个道理，朋友就是朋友，还是关系纯粹一点好。但是生活是个多面体，不太会以人的意志为转移，有时候你避过了一些散碎陷阱，却避不开激流险滩。

K 就是这样一个例子。

我和 K 是因为工作熟悉起来的。都说工作最能看出一个人的人品，K 给我的感觉就是这样，很有想法，也很有执行力。

我们还曾经一度合作过项目，合作内容包括费用的支付等。在这方面，我是个很谨慎的人，绝对不会去占人便宜，但是也希望对方守礼有度。我和 K 合作得非常顺利和愉快，在那个过程中也逐渐建立了信任。

这种信任渐渐让我们从合作伙伴变成了关系还不错的朋友。

后来 K 离职创业，开始单做。他做的是一个文化项目，但当时整体环境不好，他做的项目遇上了资金上的困难。有一天，他找我，问我认不认识一些有意向的投资人。

巧合的是，我的一个熟人一直在寻找类似的项目。我就把 K 的项目介绍给熟人，熟人一看就非常感兴趣。当他知道我和 K 曾经合作过时，兴趣就更大了。

当时熟人不在北京，我就成了双方的信息传递者。合作意向沟通得差不多的时候，我就建了个微信群，让双方开始直接接触。

因为熟人从事的是另外一个行当，对文化项目上的事情和细节不了解，经常会私下问我。这事毕竟是我牵的线，所以我就一五一十地告诉他最合适的合作方式应该是怎样的，这中间包括双方的出资数目、股权占比、运营模式等关键问题。

熟人曾经问我，K 这个人靠不靠谱。我还跟他拍胸脯说，没问题，K 是我很好的朋友，人品还是很可靠的。

熟人非常信任我，听我这么说就放心了。在双方谈得差不多的时候，他就飞来北京，准备跟 K 签合作协议。

那天我陪着熟人去见的 K，兴冲冲的，觉得帮两边朋友搭上了线，还颇有些自得。

02

那天在会议室，双方第一次就合作事宜进行面对面的沟通，其中一项是 K 就项目的整体合作情况进行讲解。

前面并没什么，但是说到项目股份占比的时候，原本说好的熟人作为投资方所占项目股份的比重为 45%，现在却一下变成了 25%，而熟人的出资总额却不变。

我听到后非常意外，因为在之前的多次沟通中，K 从来没跟我说过投资比例有所变化这事，甚至前一天晚上我们还通过电话，他也根本没有跟我说过。

熟人听见也很惊讶，因为这和我们之前沟通的情况完全不一样。熟人忍不住盯着我看，我则忍不住盯着 K 看，场面尴尬极了。

倒是 K，若无其事地继续讲解。

后面的情况可想而知，熟人虽然不是做这一行的，但也是个老江湖，轮到他说话的时候就开始打哈哈。场面上的事很快就过去了，但是原本应该谈定的出资时间、步骤等都略过不谈。

会后熟人问我："这事为什么和我们之前谈得完全不一样？"我只能老实承认我也不知道为什么，但是我马上就意识到了一个问题，之前我和 K 谈的所有东西，除了微信记录之外，并没有任何书面证据。

后来，我又向 K 询问为什么临时发生这样的变化，他说之前谈的合作条件不合适。K 又说了几句，我终于听明白了，原来是其他投资方向他提出了更好的条件，他心动了，所以希望降低熟人的投资比例……

我很不高兴，说："如果这样也没问题，但你在做出这个改变之前应该告诉我，毕竟那边是我的熟人，我也要对人家负责。"

后来熟人问起我的意见，我考虑了一下，说虽然项目不错，但是基于 K 的临时变化，还是再看一下，慎重一点没坏处。

熟人虽然同意了，但看得出来有些不快，毕竟他飞了 1000 多千米过来，之前又来来回回谈了那么多次，没想到是这样一个局面。他想来想去，最终还是停止了协商。

03

让我没想到的是，过了两三个星期，K 忽然又打电话问我熟人那边考虑得怎么样了。我被他问得莫名其妙，当初熟人钱都准备好了，结果 K 突然变卦，现在这又闹得哪一出啊！

后来我才知道，那个提出更好条件的投资方最后由于种种原因没有和 K 合作，直接晃点了 K。而 K 的项目已经紧锣密鼓地开始了，等米下锅之际，他才又想起我的那个熟人……结果可想而知。

那真是一次让我百味杂陈的经历，本来只是想着顺水推舟帮着两边牵个线搭个桥，没想到弄得几方都不高兴——熟人觉得我介绍的 K 不靠谱，K 觉得我跟熟人说了什么，让对方改了主意，而我却后悔怎么去管这样的闲事。

当然，这件事情上问题最大的是 K。这件事情之后，我们的关系再也没有以前那么融洽了，他从此被我贴上了一个“不靠谱”的标签。

这件事情让我想起以前别人经常说起的一句话：

要么简简单单地做朋友，要么认认真真地谈钱；不要在谈钱的时候做朋友，也不要在做朋友的时候谈钱。

就像熟人问我 K 靠不靠谱，其实他想询问的是 K 是不是一个很好的合作者，而我却给他了关于朋友的认知。K 可能是个很好的朋友，但不是个很好的合作者；他可能是个很好的合作者，但可能无法和你做朋友。

实际上，这两者之间并没有直接关系。

可能有人会说，你跟 K 不是曾经合作过吗？我也仔细想过这个问题，我们当时的合作比较简单，金额也不大，跟他后来做的那个项目完全不可同日而语。在初级阶段可以融洽地合作，到了中级阶段或者高级阶段就不一定了。

04

还有一件事我也想说一说。

在K这件事发生后不久，又一个朋友W希望为自己负责的影视项目找一个合作方，问我能不能帮忙介绍。因为有了K的前车之鉴，我并没有贸然答应他，而是仔细了解了W的项目，比如进展到哪一步了、大纲是否完成了、剧本时间表是怎样的、前期大概投入多少钱、希望找一个什么样的合作方、双方的责权利究竟是怎么样的……

当时W对这些问题做了详细的回答，看上去还挺像模像样的。

后来，在推进这事之前，我还是决定去核实一下W跟我说的情况。没想到，一核实才发现，那个编剧说自己根本就没有给W写过什么大纲，更别提分集剧本了。

我心里一咯噔，又去问了一下版权情况，结果让人哭笑不得：这个项目的影视改编权根本不在W手上，人家作者根本没有答应卖给他，但是W却告诉我，已经签了合同，支付了版权费用。

当时，我的冷汗啊，立即就下来了。

后来，W还追着问我这边的情况，我忍不住问他："你说的都不是实话，这样做不就是把我往沟里带吗？"

W一听有些生气："你不相信我，不愿意帮忙就算了，居然还去查我，你这是什么意思！"

我本来强压着的火气顿时就上来了："我当然相信你，但是谁说的相信就不能去做一下核实或者验证？没有验证的相信，那就是轻信，相信你和轻信你是两码事！"

问题的关键并不在此，而在于 W 编瞎话骗我帮忙，如果我真的不加甄别就帮了，那出问题了谁来负责？

这件事之后，我和 W 的关系也不复以往。

05

想起来我其实也算个聪明人，待人接物都算小心，但是在和朋友一起做事这上面，却还是吃过不少亏。

很多年前，我曾经和一个朋友商量一起写一部作品，大家讨论得热火朝天，恨不得通宵达旦地完成。后来那朋友说他找了个出版社，可以出版这部作品。但他需要去跟人家谈，我毫不犹豫地答应了，在家里吭哧吭哧地写。

最后，我一个人把那部作品写完了，朋友谈的出版社连影子都没有。我偷偷打电话去问，人家说根本不知道这事。

还有一次，一个同学说家里遇上了困难，好像老人出了车祸还是怎么的，我就在同学群里给他募捐，募捐了几千块钱。几个月以后，我无意中发现，这同学的家长过得好着呢，根本没出过车祸。

这都是大学期间发生的事，那时候吃亏还可以说是经验不足，可工作以后这样的事情依然会发生，就像 K 和 W。

后来我发现，很多人在碰上熟人、朋友的事情时就经常会出现类似的问题。大家常常因为相信一个人，进而相信他说的所有话。如果只是这样还好，可一旦跟钱牵扯上，那麻烦会多得让你意想不到。

后来我告诫自己，不管是多好的朋友，只要跟钱沾上边的事情，就一定要去核实——不是不相信，而是真的不能轻信。

如果对方因此而觉得不快，那只能证明对方对这层关系看得不如我想象中那么重要。

钱真的是这个世界上最神奇的东西，就像《白雪公主》中的那面魔镜，你以为它在说真话，其实它在骗你；你以为它在骗你，其实它说的是真话。

图书在版编目（CIP）数据

远离迷茫，从学会赚钱开始 / 曾鹏宇著 .—北京：
中国友谊出版公司，2018.12
ISBN 978-7-5057-4551-3

Ⅰ．①远… Ⅱ．①曾… Ⅲ．①私人投资—通俗读物
Ⅳ．①F830.59-49

中国版本图书馆 CIP 数据核字（2018）第 266446 号

书名 远离迷茫，从学会赚钱开始
作者 曾鹏宇
出版 中国友谊出版公司
发行 中国友谊出版公司
经销 新华书店
印刷 北京鑫海达印刷有限公司
规格 880×1230 毫米 32 开
9.25 印张 177 千字
版次 2019 年 3 月第 1 版
印次 2019 年 3 月第 1 次印刷
书号 ISBN 978-7-5057-4551-3
定价 45.00 元
地址 北京市朝阳区西坝河南里 17 号楼
邮编 100028
电话 （010）64678009